Feng-Shui

Der Geist des Menschen bewegt die Welt

Ilse Renetzeder

Feng-Shui

Der Geist des Menschen bewegt die Welt

Oktogon Seminaragentur und Verlags GmbH   Hemmelzen

Bild Titelseite: „Haiku" von Prabhupad, freischaffender Künstler,
Giegenberghof, 36160 Dipperz,
Telefon (0 66 57) 63 92.

Dieses Buch wurde auf chlor- und säurefreiem Papier gedruckt.

2. korrigierte und aktualisierte Auflage 1998

Satz und Gestaltung: Anne Bodenschatz
Druck und Bindung: Franz Spiegel Buch GmbH, Ulm
Verlag: Oktogon Seminaragentur und Verlags GmbH
Mühlenstraße 7, D-57612 Hemmelzen,
Telefon: (0 26 81) 98 80 93
Fax: (0 26 81) 98 80 94
Mobil: (01 71) 4 16 84 63
e-mail: oktogon@t-online.de
Internet: http://home.t-online.de/home/oktogon
ISBN: 3-9805731-2-5

Dieses Buch ist in Dankbarkeit und Liebe
meinem Vater gewidmet.

„Aus Schaffen und Streben
aus Nehmen und Geben
sollst Freude Du heben
Dein ganzes Leben."

Danksagung

Es haben mich viele Menschen dazu anregt, Seminare zu halten, und ermutigt, dieses Buch zu schreiben. Ich danke ihnen allen für dieses Vertrauen. Sie haben mich damit ganz wesentlich in meiner Entwicklung gefördert. Vom Herzen danke ich jenen, die mitgeholfen haben, das Buch zu verwirklichen. In diesem Sinne gebührt besonderer Dank meinem Freund Hartmut Grineisen. Mit unendlich viel Geduld half er mir stets alle technischen und organisatorischen Probleme zu lösen.

Ganz besonders herzlich danke ich Dr. Barbara Kohler. Sie hat nicht nur die Mühe des ersten Lektorierens auf sich genommen, sondern mir auch viele wertvolle Hinweise gegeben und so manche weise Einsicht vermittelt.

Nicht zuletzt verdanke ich meinen Töchtern Andrea Maria und Claudia die Substanz des Inhaltes. Wie zwei Engel kamen sie zu mir, um mir zu helfen meine Lebensaufgaben zu erfüllen. Sie haben mir den Z u s t a n d der Liebe und des Verstehens bewußt gemacht.

Vorwort

Mein Anliegen ist es, Feng-Shui so zu vermitteln, daß es von jedem als Hilfe zur Selbsthilfe verstanden und angewandt werden kann. Aufgrund der Komplexität des Themas bleiben zwar die Ausführungen im Rahmen dieses Buches auf das Einfachste beschränkt, doch findet damit jeder Raum für eigene weiterführende Gedanken und Interpretationen.

Da wir in der heutigen Zeit kaum die Möglichkeit haben, uns am idealen Ort das ideale Haus zu bauen, sondern froh sind im Rahmen unserer Möglichkeiten einen passenden Wohnraum zu finden, ist es mein Anliegen, zu zeigen, wie wir das Bestehende so harmonisch wie möglich gestalten können, um unsere Selbstverwirklichung zu fördern, damit wir eines Tages dahin kommen, wo wir sein möchten.

Dieses Buch beabsichtigt, neue Denkanstöße zu unserem Bauen und Wohnen zu vermitteln und ist als Einführung in den spirituellen Hintergrund des Feng-Shui gedacht.

Mögen meine Darlegungen all jenen von Nutzen sein, die mit Verantwortung und Liebe zu sich und ihren Mitmenschen das Feng-Shui zur be-greifbaren Unterstützung ihrer und unserer aller Bewußtseinserweiterung praktizieren wollen.

Ilse Renetzeder
Düsseldorf, im Januar 1997

Vorwort

Vor einigen Monaten war ich – wieder einmal – auf der Suche nach einer neuen Wohnung. Mein Leben scheint einer inneren Logik zu folgen, wonach mit jeder neuen Lebenssituation auch eine neue Wohnumgebung verbunden ist. Auf den ersten Blick mag dies ein aufwendiges Verfahren sein. Bei genauerem Hinschauen erweist sich der Aufwand der wohnlichen Veränderung jedoch als große Chance, die inneren Veränderungen auch im Außen leben zu können.

Angeregt durch viele Gespräche mit der Feng-Shui-Expertin Ilse Renetzeder versuche ich, meine Lebensthemen in den äußeren Gegebenheiten meiner Wohnsituation wiederzufinden. Es stellt sich die Frage, wie die Verflechtungen von Innen und Außen zueinander gewichtet sind: Beeinflußt der Mensch seine Wohnumgebung maßgeblich durch deren Gestaltung und Einrichtung, oder beeinflussen eher die räumlichen Gegebenheiten den Menschen, sein Wohlbefinden und seine Stellung im Leben?

Meiner Erfahrung nach lassen sich diese beiden Wechselwirkungen nicht voneinander trennen. Wir all bringen in dieses Leben unsere Aufgaben, unser Karma mit, und das Leben selbst gibt uns die großartige Möglichkeit, unsere Aufgaben zu erkennen, uns ihnen zu stellen und uns mit ihrer Bewältigung eine Stufe höher zu entwickeln, einen Schritt näher zu der kosmischen Einheit hin, aus der wir kommen und zu der wir zurückstreben. Nach dem Gesetz der Resonanz bedeutet dies, daß jeder Mensch durch seine Lebensumstände, durch die Personen, mit denen er zu tun hat, durch seinen Beruf und eben auch durch sein Wohnumfeld die Chance erhält, konkret an sich und dem Verlauf seiner weltlichen und geistigen Entwicklung zu arbeiten.

Die chinesische Kunst des Feng-Shui ist die Lehre vom harmonischen Fluß der Energien in unserer Umgebung und deren Einfluß auf uns Menschen. Wir können anhand der Methoden des Feng-Shui, die in diesem Buch qualifiziert dargestellt werden, die Energien unserer Umgebung erfassen, deuten und in Beziehung setzen zu dem, was uns im Leben bewegt und was wir erreichen wollen. Wie außen, so innen, und umgekehrt. Bewege ich mich auf einen neuen Abschnitt meines Lebensweges zu, wird sich dies zwangsläufig in äußeren Veränderungen manifestieren. Und ebenso gilt: Verändere ich den Energiefluß meiner Umgebung, stärke ich durch Maßnahmen des Feng-Shui bestimmte Energien oder setze ich die Energien blockierter Wohnbereiche frei und mache sie mir nutzbar, so wird sich mein Empfinden, mein Wohlgefühl, mein Verhältnis zu eben den Lebensbereichen ändern, die durch diese Wohnbereiche repräsentiert werden. Die Anwendung des Feng-Shui ist damit eine höchst aktive Form praktischer und spiritueller Lebensgestaltung, ein Weg, der jedem Menschen offensteht, der sich intensiv mit der Erfahrung und Weiterentwicklung seiner Selbst beschäftigen möchte.

Ilse Renetzeder studierte viele Jahre lang die chinesische Wissenschaft und Weisheitslehre des Feng-Shui und wendet ihr umfangreiches Wissen über die Gesetzmäßigkeiten von Energien erfolgreich in ihren Beratungen von Firmen, Bauherren, Architekten und Privatpersonen an, und gibt es engagiert in ihren Seminaren weiter. Es ist ihr mit dem vorliegenden Buch auf hervorragende Weise gelungen, die Verbindung zwischen den spirituellen Voraussetzungen des Feng-Shui und seiner praktischen Umsetzung im Wohnraum für jeden nachvollziehbar aufzuzeigen.

Ich wünsche diesem Buch viele Leser, die bereit sind, durch Feng-Shui positive Energien in ihren Wohnraum und in ihr eigenes Leben und damit in die Existenz von uns allen zu bringen.

Dr. Barbara Kohler
Lanzarote, im Januar 1997

Inhalt

Teil 1

Teil 2

Teil 3

„Bewußtsein ist Information
Information ist Schwingung
Schwingung ist Energie
Energie ist Idee
Idee ist Liebe
Liebe ist Geist
Geist ist Bewußtsein."

„Das Nichts, das nicht Nichts ist."

1. Einführung

1.1 Entstehung, Entwicklung und Verbreitung von Feng-Shui

Feng-Shui hat in China eine jahrtausendalte Tradition. Es entstand aus den Inhalten der uralten Wissenschaften von Astronomie, Geomantie und Zahlenlehre bis hin zur Entwicklung der Radiästhesie, Astrologie, Numerologie und der Formen-und Farbenlehre. Vom Verständnis her wurde es von den verschiedensten Religionen, Philosophien und Weisheitslehren geprägt, die im Laufe der Zeitströmungen die Kulturen der fernöstlichen Länder beeinflußt haben.

Die Lehre von Feng-Shui besagt, daß alles Energie ist und daß alles mit allem verbunden ist, daß der Mensch also nicht als ein von der Natur getrenntes Wesen existiert, sondern als Teil der Natur selbst in ständiger Wechselbeziehung mit ihr steht. Energie ist Bewußtsein, das in unendlich vielfältiger, wandelbarer Form und Qualität zum Ausdruck kommt.

Demnach ist unser Dasein in das kosmische Geschehen eingebunden und dabei bestimmten Gesetzmäßigkeiten unterworfen. Das Wissen darum entstand aus der Beobachtung der Natur und der Identifikation mit ihr. Im Gegensatz zu den Naturwissenschaften der westlichen Welt, die sich im Denken ganz dem Materialismus und der Funktionalität verschworen hat und nach außen gerichtet ist, lehren östliche Wissenschaften die Innenschau. So kam es, daß der westliche Mensch sich besonders im Äußeren entwickelt hat und sich deshalb auch immer mehr „außer sich" fühlt. Obwohl selbst Teil der Natur, hat er die Beziehung zur Natur und damit zu sich selbst verloren. Da er sich als von der Natur getrennt wahrnimmt, bleiben ihm ihre spirituellen Informationen weitgehend verborgen. Wir leben daher heute in einem gestörten ökologischen Gleichgewicht, eingenebelt von Umweltgiften und krankmachender Fremdbestimmung.

Das alte geomantische Weltbild sah die Erde als lebendige Energieform (ähnlich der des Menschen), die mit den kosmischen Kräften in Verbindung steht. Die Erde weist, ebenso wie die Menschen, mit dem Kosmos korrespondierende starke energetische Zentren auf, die miteinander teils sichtbar, teils unsichtbar verbunden sind. Ähnlich den Blut- und Nervenbahnen und den Meridianen des menschlichen Körpers, durchziehen die Erde besondere Energieströme. Diese teilweise sehr stark auf den Menschen wirkenden Erdenergien mit ihren kosmischen Entsprechungen in unterschiedlichen Qualitäten, waren und sind allen Kulturen bekannt. Die Druiden nutzten das „Geheimwissen" ihrer Eingeweihten ebenso, wie die Schamenen, und überhaupt alle tempelbauenden Kulturen. Das beweisen historische Bauten wie Pyramiden, Tempel, Steinkreise, Menhire und Kultstätten in aller Welt. Aber auch viele wichtige Gebäude unserer Kultur, wie zum Beispiel die romanischen Kirchen, gotischen Dome, Wallfahrtskirchen und sogar ganze Städte, wurden an solchen Orten erbaut, nach astrologischen Berechnungen ausgerichtet und waren und sind unsichtbar entlang der Kraftlinien miteinander energetisch verbunden.

Diese Kräfte lassen sich in ihrer unterschiedlichen Qualität durch Naturbeobachtung erkennen oder intuitiv, medial oder durch sensitive Strahlenfühligkeit wahrnehmen. Wir können sie heute auch zum Teil mit mechanischen Mitteln messen. Im Sprachgebrauch der europäischen Geomantie werden daher bestimmte Orte, als „Heilige Plätze" bezeichnet und was die Chinesen Drachenlinien nennen, heißen hier Leylines. Diese Kraftorte sind damals wie heute besonders als Hilfe zur Meditation geschätzt, der Heilung, um Ruhe zu finden oder Kontakt mit dem Göttlichen, aber auch um Macht, Kontrolle und Besitz zu stärken.

Gleichwohl gibt es außerdem die geopathogenen Felder, die sogenannten Reizzonen, welche den Menschen im negativen, weil schwächenden Sinne beeinflussen.

Während man mit Geomantie und Radiästhesie den kosmischen Energien und denen der Erde nachspürt um sie für bestimmte Zwecke zu nutzen oder sie zu meiden, beschäftigt sich Feng-Shui insbesondere mit dem Eingriff des Menschen in die natürlichen Gegebenheiten. Es lehrt uns das Gestalten von Gebäuden und Landschaften, ganzer Orte oder Städte im Einklang mit den Energien des Himmels und der Erde, um die Erde zu schützen und dem zivilisierten Menschen eine glückvolle Geborgenheit zu schaffen. Besonderer Wert wird dabei auf die Anpassung an die Qualität der örtlichen Energien gelegt, der Ausrichtung und Form der Gebäude und Häuser, ebenso auch auf die Einteilung der Räumlichkeiten und deren Gestaltung, bis hin zur Farbgebung und die Art der Einrichtung. Mit der Einbeziehung von astrologischen und numerologischen Werten wird zusätzlich die Übereinstimmung von Mensch, Natur und dem von Menschenhand Geschaffenem angestrebt.

Aus dem Erkennen der Zusammenhänge der Energiequalitäten und der Energieströme zwischen Erde und Kosmos und dessen für uns wichtiger Planeten ergibt sich für uns eine plausible Erklärung für das Vorhandensein der vielen verschiedenen Kulturen. Die unterschiedlichen wesentlichen Denk-und Verhaltensweisen entwickeln sich aus der jeweiligen einzigartigen geographischen Lage und dem sich daraus ergebenden spezifischen Verhältnis zu den kosmischen Qualitäten. Die Erde ist ein Wesen, das selbst alle Archetypen in sich birgt und im Ganzen ein Individuum darstellt, wie jeder einzelne Mensch auch. Milliarden von Bewußtsein (einzelne individuelle Seinszustände) und Ideen prägen schließlich das Erscheinungsbild der Welt. Objektiv gesehen gibt es daher keine „Un-Wahrheiten", nur Teilwahrheiten.

Bereits in den allerfrühesten Anfängen ergaben sich schon die verschiedenen Sichtweisen von Feng-Shui, die sich zum Teil wesentlich voneinander unterscheiden.

In den Ebenen Chinas entstand die Kompaßschule, welche sich an den Sternen orientierte und nach den Einflüssen der Himmelsrichtungen. Sie beruht daher hauptsächlich auf astrologischen Berechnungen in Verbindung mit den geomantischen und goegraphischen Gegebenheiten. Der Lo pan, ein spezieller chinesischer Kompaß, wurde hierfür entwickelt. Günstige Standorte und Zeitqualitäten für den Beginn eines Vorhabens lassen sich daraus ersehen bzw. berechnen und vieles mehr.

In der Hügel- und Gebirgslandschaft dagegen entwickelte sich die Formschule, die sich mehr auf das Studium der Landschaftsformen und deren Aussage spezialisierte und sich dabei im wesentlichen auf Formen, Farben, Intuition, Symbolik und Logik stützt.

Aus Indien stammt die dritte, aus mystischem Wissen entstandene spirituelle Schule des Feng-Shui. Dem zugrunde liegt die Weisheit der ganzheitlichen Sicht der Dinge. Es wurde das Wahrnehmen und Interpretieren der Qualitäten des Umfeldes aus sich heraus gelehrt und der bewußte Umgang damit. Hier wurde die objektive Schau mit der subjektiven Wahrnehmung verbunden.

Im Laufe der Zeit haben sich sämtliche Richtungen mehr oder weniger vermischt oder wurden miteinander kombiniert, wobei jedoch die Anwendung des Ba gua aus dem I Ging, nach wie vor unterschiedlich gehandhabt und interpretiert wird. Auch werden von den Feng-Shui Fachleuten jeweils die Techniken einer bestimmten Schule bevorzugt praktiziert.

Entsprechend den Ländern und Völkern des Fernen Ostens ergibt sich die verschiedene Aussprache und zum Teil auch Schreibweise von Feng-Shui. Inzwischen hat sich in der übrigen Welt jedoch die englische Version durchgesetzt.

War es in der matriachalen Phase der Zeitgeschichte die Absicht mit den Kenntnissen von Geomantie und Feng-Shui das Überleben des Volkes in der Natur zu sichern und es möglichst glückvoll für die Menschen zu gestalten, diente dieses Wissen später in der Zeit des Patriachats vor allem der Sicherung von Besitz, Macht und Kontrolle und war ausschließlich den Herrschern Chinas und wenigen privilegierten Schichten der Bevölkerung vorbehalten.

Feng-Shui wurde zur Geheimlehre und wie viele andere Geheimlehren auch, über die Jahrtausende hinweg sorgfältig gehütet und nur an besonders Eingeweihte weitergegeben. Entsprechend den politischen und religiösen Einflüssen, hat sich die Handhabung und das Verständnis weiterentwickelt und gewandelt. Im Volk blieb es jedoch als Symbol für Wohlstand und Glück im Sinne eines mystischen Glaubens verankert.

Mit dem Untergang der kaiserlichen Dynastien in diesem Jahrhundert, wurde auch das Feng-Shui vorerst einmal totgeschwiegen. Erst infolge der Auswanderung vieler Chinesen aufgrund der politischen und wirtschaftlichen Veränderung ihres Landes, tauchte Feng-Shui im Ausland wieder auf. Seine Anwendung beschränkte sich vorerst fast ausschließlich auf die Geschäftswelt, vor allem in Hongkong. Von da hat es sich dann in die ganze Welt verbreitet. Dies geschah zum Teil auch durch die wirtschaftliche und kulturelle Öffnung des Ostens für den Westen, wodurch die Völker gegenseitig nicht nur Ware austauschen, sondern ebenso Bewußtseinsinhalte. Interessante Geschichten, amüsante Erzählungen und schöne bildhafte Darstellungen von Feng-Shui im Alltagsleben wurden erstmals veröffentlicht.

Während viele esoterische Wissenschaften aus dem Osten bei uns in den Bereichen Sport, Ernährung, Medizin, Philosophie und Glaubenslehren ihren Eingang finden und nur von aufgeschlossenen, alternativ oder ganzheitlich denkenden Menschen aufgenommen werden, findet das Feng-Shui überwiegend in kommerziellen Kreisen Interesse. Die meisten Veröffentlichungen sind englische Übersetzungen traditioneller chinesischer Texte, die eher patriachalen Charakter haben und von der Darlegung her chinesisches Gedankengut zur Nachahmung empfehlen. Dieses entspricht jedoch schon lange nicht mehr dem ursprünglichen Sinn von Feng-Shui, sondern dient ausschließlich dem eigennützigen Zweck der Sicherung von Wohlstand, Gesundheit und Glück, der Unterstützung von Macht und dem wirtschaftlichen Erfolgsstreben. So ist es nicht verwunderlich, daß sich Unternehmen in Hongkong wegen bestimmter Feng-Shui-Maßnahmen gegenseitig gerichtliche Anzeigen und sogar Prozesse liefern.

Da östlicher Mystizismus für die Menschen im Westen kaum verständlich und wirklich nachvollziehbar ist, wird Feng-Shui bei uns teilweise noch belächelt und mit Vorbehalt praktiziert. Aber immer mehr Menschen fühlen sich von der Faszination des Feng-Shui angezogen, und es ist inzwischen schon fast nirgendwo mehr wegzudenken. Auch ich stand dem Feng-Shui anfangs ziemlich skeptisch gegenüber und habe lange gebraucht, bis es mich überzeugt hat. Erst durch das jahrelange Studium energetischer Qualitäten und deren Gesetzmäßigkeiten im Zusammenspiel der körperlichen, seelischen und geistigen Ebenen unseres Seins fand ich schließlich Zugang zu der spirituellen Sichtweise des Feng-Shui und verstand damit seine Logik. Die praktischen Erprobungen ließen mich diese Zusammenhänge begreifen und das Feng-Shui als bewußtseinserweiternden Prozeß erfahren.

Mehr denn je erfordert der Wandel der Zeit unsere Aufmerksamkeit, und es ist dringend notwendig, mehr Wissen über unser wahres Sein zu erwerben. Insofern unterscheidet sich dieses Buch von den bisherigen Veröffentlichungen, denn es versucht, Feng-Shui vom fernöstlichen Mystizismus zu befreien und weitestgehend logisch zu erklären. Sie finden deshalb hier keine bunten Schilderungen zum Nachahmen, auch keine Tabellen zum Berechnen, sondern werden angeregt, Energiequalitäten an ihrem Ausdruck zu erkennen und zu erfühlen, um Disharmonien individuell auszugleichen. Sie werden immer mehr herausfinden, was Ihnen Ihr räumliches Umfeld zu sagen hat, und lernen, mit den Themen in ihrem Leben positiver und bewußter umzugehen.

Da das Feng-Shui auf allgemein gültige kosmische Gesetzmäßigkeiten beruht, gelten diese Gesetze überall und für alle Menschen. Die Art der Anwendung und das Verständnis entspricht jedoch der geographischen Lage und dem Bewußtsein der Menschen entsprechend ihrer jeweiligen Kultur.

Wir leben in einer Zeit des großen Umbruches. Immer mehr Menschen öffnen sich der ganzheitlichen Sicht der Dinge und erleben auf verschiedenste Art und Weise ihre innere Verbundenheit. Mit dem Zusammentreffen verschiedener Kulturen, ihrer Bewußtseinsinhalte und Denkweisen ist es wie mit dem Austausch zweier Menschen. Es entsteht etwas Neues. Kommunikation ist Information, in kleinen nebensächlichen Dingen wie in großen. Entwicklung bedingt nicht nur Information, sondern Information i s t Entwicklung. So erfahren sämtliche östlichen Lehren bei uns eine Ausweitung, ebenso wie westliche Wissenschaft, Technik und Wirtschaft den Osten befruchten. Damit wird der Austausch von Kultur, Weisheit und Wissen zum schöpferischen Akt und dient der Weiterentwicklung der Menschheit.

1.2 Die spirituelle Philosophie des Feng-Shui
Denkvoraussetzung

„Wir sind keine Menschen, die zu göttlichen Wesen
werden sollen, sondern wir s i n d göttliche Wesen,
die sich im Mensch-sein ausdrücken wollen."

Feng-Shui ist die Lehre, wie wir uns mit den Energien des Himmels und der Erde in Einklang bringen und in Harmonie leben
können. Dies geht bei weitem über Stürme und Wasseradern
und sonstigen ungünstigen Bedingungen hinaus.

Damit erhebt sich die Frage, was mit den Energien des Himmels und der Erde im weitesten Sinne gemeint ist. Es seien deshalb grundsätzliche Erklärungen zum spirituellen Denken voran-
gestellt.

Die Energien des Himmels und der Erde stehen für den Geist
und dessen Ausdruck, die Materie. Sie stehen damit sinngemäß
auch für unser Denken und Fühlen. Wenn wir uns mit den Energi-
en des Himmels und der Erde in Einklang bringen wollen, kommen wir nicht umhin, uns mit deren Gesetzmäßigkeiten zu beschäftigen, denn wir können uns nicht mit etwas in Einklang bringen, das wir nicht kennen. Immerhin greift der nicht-wissende,
unbewußte Mensch als dritte Kraft ganz gewaltig in das harmonische Geschehen ein.

Das Wesen von Energie ist produktives Sein.
Wir hören von Energien, die in uns und um uns fließen, können
sie hören, spüren, riechen, fühlen oder greifen und verstehen
darunter eine dynamische Kraft. Dies sind die wahrnehmbaren
Energien der Erde. Die Energien des Geistes hingegen erfahren
wir erst durch ihren Ausdruck. Unsere Gedanken, die eine große
Kraft haben, können wir nicht sehen. Obwohl wir ständig diese
Energie gebrauchen und sie selbst sind, ist für uns kaum faßbar,
was diese „Energie" eigentlich ist. Wir wissen nur, daß sie da ist.
Auch wenn es oft noch ungewiß ist, wie sie sich ausdrücken wird,
erahnen wir dies und sagen: „Es liegt was in der Luft".

Die Lehre des Spirituellen Feng-Shui geht davon aus, daß alles Energie ist, daß alles mit allem verbunden ist, und daß die Ur-Energie reiner Geist und unbegrenzt ist. Vom allmächtigen göttlichen Bewußtsein bis hin zu unserem Denken. Das zarte Strahlen einer Blume, der tobende Orkan, der rauschende Bach, der feuerspeiende Vulkan, die Stille der Nacht, der laue Frühlingswind, die sanfte Musik, das Lächeln, das aggressive Wort, die Wärme der Sonne, das elektrische Licht, unser Körper, die Angst, das Weinen, die Liebe, der Tod - alles sind Erscheinungsformen der einen Energie, dem Stoff, aus dem wir sind. Wir können diese Ausdrucksformen nicht durch andere ersetzen, einmal entstandene (gedachte) Formen können wir auch nicht vernichten, sondern nur umwandeln. Die Materie ist somit vergänglich, der Geist ewig. Unser Dasein ist wie ein großes Kreuzworträtsel. Die richtige Auflösung ergibt die Antwort der Rätselfrage: Sie heißt Energie.

Die These, daß die Urenergie reiner Geist ist, der aus sich heraus etwas schafft und noch dazu alles schafft, ohne selbst sichtbar, also für uns wirklich zu „sein", mag ungewöhnlich erscheinen, ist aber selbst nach den heutigen naturwissenschaftlichen Erkenntnissen und den modernen philosophischen Theorien sehr wahrscheinlich.

Daß wir also selbst aus dem „Nichts", das nicht Nichts ist, weil es Alles ist, geschaffen sind, ist eine paradoxe Theorie und stellt eine scheinbar widersinnige Behauptung dar, die unserer Denkweise fremd ist. Für viele von uns hat nur das im Leben einen Sinn, was sichtbar und erklärbar ist. Doch allein schon darin liegt ein logischer Widerspruch.

Es liegt in der Natur der Sache, daß die Höchste Intelligenz, die wir Gott nennen, nicht im üblichen Sinne beweisbar sein kann, wenn wir sie nicht einmal sehen können, was wiederum nicht beweist, daß sie nicht da ist. Und doch, daß sie da ist, „wissen" wir irgendwie alle, weil wir diese Urinformation wie eine Erinnerung in uns tragen.

In der Quantenphysik wird dieses Nichts, das wir Gott nennen, als Leere bezeichnet, die für uns nicht faßbar ist, es sei denn, die Leere verdichtet sich in einer Form. Die Leere verdichtet sich in der Form, um erfahrbar zu werden. Dann verdünnt und entdichtet sie sich wieder zur Leere (die Form löst sich dabei auf), um sich in einer neuen Form erneut zu verdichten. Es ist das Wechselspiel der Ur-Aspekte von Yin und Yang auf höchster Ebene. Sie wechseln einander ab: Leere – verdichtete Leere in Form – Leere, usf. Die Leere verändert also ständig ihren Zustand. Mal Sein, mal Nichtsein. Das Vor-spiel für unser bewußtes und unbewußtes Sein, das wir wiederum im Wachen und Schlafen erleben. Wir können die Leere nicht sehen, verstehen, begreifen, und daher auch nicht wissen, daß sie da ist, solange sie nicht in-Form-geht, das heißt, uns in-form-iert, daß sie (da) i s t . Wir können die Leere, das reine Licht (Gott) nicht sehen, so wie wir auch unsere Gedanken nicht sehen können. Doch können wir sie erfahren, wenn wir sie ausdrücken. Genauso können wir Gott nur in seinem Ausdruck erfahren.

So wie der Raum für unsere Wahrnehmung die Zeit bedingt, bedingt das Erfahrbare das Nichterfahrbare, das Erklärbare das Nichterklärbare, das Sichtbare das Nichtsichtbare, die Materie die Nichtmaterie und das Sein das Nichtsein. Unsere Wahrnehmung gründet auf den Gegensätzlichkeiten, ohne Gegensätzlichkeiten gäbe es keine Wahrnehmung. Aber was ist Illusion und was Wirklichkeit für uns? Erleben wir die Nacht, ist die Dunkelheit der Welt unsere Realität, wird es Tag, verändert sich diese „Realität", und die Welt zeigt sich uns im Licht. Ist die Welt nun hell oder ist sie dunkel? Die Wahrheit kann weder objektiv – entweder so oder so, noch subjektiv – sowohl so als auch so – sein, sondern nur beides zugleich.

Dem Geschaffenen, der Materie, geht also der Gedanke, die Idee voraus. Wir müssen zuerst etwas denken, bevor wir etwas zum Ausdruck bringen. Dies läßt uns erkennen, daß alle Erscheinungen, selbst die der dichtesten Materie, von einer lebendigen geistigen Kraft durchdrungen sind.

Nachdem wir nicht sein können, ohne zu denken, und damit Formen erschaffen und auch wieder auflösen, ist unser Bewußtseinszustand ein Prozeß. Eine ständige Veränderung, die sich als unser Lebensweg ausdrückt. Man schätzt, daß der Mensch im Laufe eines Tages an die hunderttausend Gedanken produziert! Die Frage ist nur, w a s wir denken und w i e wir damit unsere Welt gestalten. Mit jeder Idee setzen wir einen Impuls zu einer Manifestation. Jeder Gedanke bildet eine Form. Unser Denken geschieht in Bildern, denen wir mit unseren Gefühlen Farbe verleihen. Erst ein neuer Impuls (eine neue Information), welcher Art auch immer, veranlaßt uns, Bilder wieder verblassen und neue entstehen zu lassen.

Alles was der einzelne imstande ist zu denken, ist im gewissen Sinne „Wirklichkeit" für alle. Nicht nur, weil Gedanken naturgemäß zum Ausdruck drängen und „real" werden wollen, sondern schon allein dadurch, daß sie gedacht wurden. Im Universum geht kein Gedanke verloren, sondern sucht seinesgleichen zur Verwirklichung. Dies mögen z.B. besonders alle Horrorfilmproduzenten bedenken. Sie schaffen nicht nur Illusionen, sondern auch Realitäten. Da dieselben mit starken Gefühlen (Farben) erlebt werden, geben alle Menschen, die sich damit beschäftigen oder behandelt werden, dem Geschehen ihre Energie zur Verdichtung und damit zur Verwirklichung. Alle gedachten, dargestellten oder geschilderten Gewalttaten sind keine „Geschichten" im Sinne von Illusionen. Der Glaube, daß dies nicht so ist, ist Illusion. Sie rührt von der atheistischen Überzeugung her, daß es keinen Gott und keine Ordnung gibt, und schließt somit auch das Göttliche, Schöpferische in uns aus. Die Religionen lehren uns zwar, daß wir Kinder Gottes sind, aber nicht, daß wir göttliche, schöpferische Kinder sind. Wir sind dafür verantwortlich, was wir denken und in die Welt setzen.

Da diese Wahrheit für uns „nur" erfahrbar, d.h. erlebbar ist, ist sie das grundsätzlich für jeden. Für jeden auf seine Art. Jeder gestaltet sich „seine" Welt und ist allein auf dem Weg der Erkenntnis, zu Gott. Trotzdem sind wir dabei eingebunden in das uns übergeordnete, allen gemeinsame Geschehen. Jede Veränderung des Denkens und Fühlens betrifft uns alle. Das ist wie ein Fluch und gleichzeitig ein Segen, denn wir können an den „bösen" Folgen der Gedanken anderer lernen, selbst andere Gedanken zu denken und die Welt damit positiver gestalten.

Das Wechselspiel der unzähligen Gegensätze von Denken und Ausdrücken, Ausdrücken und Denken, in ihrer unendlichen Vielfalt, bestimmt im Gesamten die Qualität unseres Hierseins.

Könnten wir unsere Gedankenenergien sehen, würden wir uns in einem Knäuel wirrer bunter Fäden und Formen, nämlich in unserem bewußtseinsmäßigen Chaos, wiederfinden. Wir würden aber auch überlagerte Energiemuster wahrnehmen, die in leuchtenden Farben schillern, und wir würden darin eine bestimmte Ordnung (Harmonie) erkennen können. Der Inhalt aller Wissenschaften dieser Welt liegt in der Suche nach dieser Ordnung. Ihre Gesetzmäßigkeiten werden auf den verschiedensten Gebieten erkundet und nachgeahmt. Die Wissenschaften lehren sie, die Weisheitslehren verkünden sie, und die institutionellen Religionen verschreiben sie. Finden können wir sie nur selbst. Jeder muß sie am eigenen Leibe selbst erfahren. Was könnte uns besser dazu dienen, als das Beobachten der Natur, wo wir doch ein Teil davon sind. Je mehr Harmonie wir uns von ihr „abschauen" und dann selber schaffen, desto höher steigt unser Bewußtsein; je höher unser Bewußtsein, desto mehr Harmonie sind wir imstande wahrzunehmen und selbst zu schaffen.

Wir müssen uns eine harmonische Welt erst einmal denken, das heißt v o r s t e l l e n können, sonst kann es sie nie geben.

Die Spiritualität
Spirit kommt aus dem Griechischen und wird mit Reinheit (Symbol der Liebe) und Geist (Symbol des Wissens) im Sinne von „reiner Geist" übersetzt. Man kann es also als Liebe und Geist in Einem bezeichnen, als das „Wissend-Liebende". Spirituelles Denken heißt dann, sich seines Entwicklungsprozesses hin zum wissend-liebenden Sein bewußt zu sein. Geist hat aber auch die Bedeutung des Unsichtbaren. Spiritualität bedeutet also auch das Einbeziehen des Unsichtbaren in unser Leben. Weder die Liebe noch den Geist können wir mit unseren physischen Augen sehen.

Wir alle haben den göttlichen Funken an Liebe und Wissen in uns. Unter spiritueller Entwicklung verstehen wir das „Hinbewegen" zu dieser Einheit. Doch solange wir „denken" sind wir auf dem Weg und noch nicht am Ziel. Der Zustand des „Nichtdenkenden Seins", den wir vielleicht für Augenblicke oder auch länger erleben können, nennen wir Erleuchtung.

Je mehr wir lernen, die einseitige Wahrnehmung der Gegensätzlichkeiten auf unseren bewußten Ebenen (der materiellen, emotionalen und mentalen) zu überwinden, desto näher kommen wir diesem Zustand. Wenn wir zum Beispiel mit Herz und Verstand an eine Sache herangehen, wird sie gut. Durch das gleichzeitige Wahrnehmen und Leben der Gegensätzlichkeiten erfahren wir Harmonie.

Gegensätzlichkeiten gemeinsam als solche wahrzunehmen, ist nur möglich, wenn wir uns von der einen Seite der Wahrnehmung so weit distanzieren, daß wir auch die zweite Seite „sehen" können. Wir sind zum Beispiel „gerechter", wenn wir beide Seiten einer Sache betrachten, und wir verstehen mehr, wenn wir „über" den Dingen stehen. Dadurch finden wir Zugang zu höheren Bewußtseinsformen, die in uns liegen, und finden dann auch die Kommunikation mit ebensolchen außerhalb von uns. Das Harmoniebedürfnis wird immer stärker, auch was unser Umfeld anbelangt.

Da unsere drei Erfahrungsebenen miteinander in Verbindung stehen, wirkt jede Veränderung auf einer einzelnen von ihnen auch zur Veränderung auf die anderen ein. So können wir, wenn wir mit Feng-Shui unser materielles Umfeld bewußt „harmonisieren", damit auch auf die seelische und geistige Ebene wirken. Die Körperlichkeit ist für uns die Grundvoraussetzung, über die wir uns erfahren können. Ohne die Erde hätten wir keine Basis, ohne Körper könnten wir weder handeln noch fühlen, ohne Gehirn nicht denken. Objektivität entsteht aus der vergleichenden Betrachtungsweise, während die Betrachtung selbst subjektiv ist. Es ist daher zum Beispiel sehr sinnvoll, Ordnung und Sauberkeit in seinem äußeren Leben zu verwirklichen, weil sie auf die innere Ordnung der Gedanken und die Sauberkeit der Gefühle wirken (Liebe ist reines Gefühl) und weil umgekehrt nur das was drinnen ist, nach außen (zum Ausdruck) kommen kann. Am Äußeren erkennen wir das Innere, das Innere am Äußeren. Auf das Innere, nicht Sichtbare, können wir schwerer Einfluß nehmen, da wir es ja nicht sehen und erkennen können, das Äußere (dessen Ausdruck) hingegen schon. Unser Umfeld ist daher ein sehr wichtiges „Erkundungsfeld" zum Verständnis unserer selbst.

Unser „normaler" Bewußtseinszustand ist denkendes-fühlendes Sein. Wir denken uns also unseren Zustand des Seins selbst und können ihn auch denkend und fühlend ändern. Dies ist ein ständiger Prozeß, der uns leider noch zuwenig bewußt ist. Da alles mit allem verbunden ist, betrifft das uns alle. Deshalb hilft sich jeder auch selbst, wenn er anderen hilft.

Harmonie ist die Wahrnehmung des ausgeglichenen Zustandes von Liebe und Geist. Harmonie ist immer da, doch nehmen wir sie oft nicht als solche wahr. Der Inhalt aller Seins-Zustände ist die Liebe als harmonischer Ausdruck des göttlichen Geistes. Das Ch´i, die universale Lebensenergie, Gott, Allah, der Große Geist oder Das Allmächtige (Bewußtsein) ist nicht sichtbar, aber für uns spürbar und als Liebe erfahrbar. Disharmonie in unserem Leben ist immer ein Defizit an Liebe oder vielmehr in der Wahrnehmung der Liebe, denn sie ist ja da. In unserem mangelnden Bewußtsein über unser göttliches Selbst, erschaffen wir Disharmonien, unter denen wir leiden, damit wir sie als solche erkennen. Das Erkennen fängt mit Aufmerksamkeit und Interesse an, und diese sind die Vorstufe der Liebe, die zu jeder positiven Veränderung notwendig ist.

Nicht umsonst mußte man in den alten Mysterienschulen mehr oder weniger ein Leben lang üben und nachdenken, um zu begreifen, daß Bewußtseinserweiterung nicht in irgendwelchen Sphären außerhalb von uns liegt, sondern in unserem denkenden, liebenden Da-Sein.

Erst wenn die Schüler grundsätzlich diesen Inhalt allen Geschehens erfaßt hatten und in ihren Alltag integrieren konnten, durften sie weitergehen.

Philosophie

Als Philosophie bezeichnet man Ideen und deren Denkinhalte, die sich mit der geistigen Entwicklung der Menschheit beschäftigen, um damit zu einer „vernünftigen" Weltordnung zu finden, die das Zusammenleben der Menschen auf Erden regeln soll. Es ist der Versuch, eine Weltordnung zu schaffen, der eine bestimmte Sichtweise zugrunde liegt.

Die spirituelle Philosophie des Feng-Shui ist eine Harmonie-
lehre, die uns unsere Spiritualität erfahrbar macht.

Über die Jahrtausende hinweg haben sich die Erkenntnisse
und Sichtweisen des Feng-Shui entsprechend der Bewußtseinszustände der Menschen immer wieder verändert und erweitert. Es
gibt keinen Stillstand, alles ist in ständiger Vorwärtsbewegung,
und daraus ergeben sich immer neue ungeahnte Möglichkeiten
der Selbstfindung. Wenn wir erst einmal die grundsätzlichen
energetischen Gesetzmäßigkeiten verstanden haben, verliert
das Feng-Shui viel von seiner Mystik. Allein die Einsicht, daß Harmonie gedachte Liebe ist, erleichtert uns die Anwendbarkeit und
gibt dem Feng-Shui einen tieferen Sinn.

Als Erstes müssen wir sicher lernen, unsere räumliche Situation zu analysieren, Unausgewogenheiten in unserem Umfeld festzustellen und als solche anzunehmen, denn analog dazu erkennen wir sie auch in unserer Lebenssituation und damit in uns
selbst. Annehmen heißt nicht, es haben wollen, annehmen heißt
nur etwas zur Kenntnis nehmen. Was wir nicht wissen, können wir
nicht ändern. Das Haben-wollen wie auch das Nicht-haben-wol-
len beinhalten die Ablehnung der Gegensätzlichkeit. Das Fest-
halten-wollen widerspricht dem Gesetz der Wandlung, der
fließenden Energie. Es heißt Annehmen-Erkennen-Loslassen. Darin liegt die Chance der Veränderung und Neuentscheidung.
Wenn wir wissen, daß wir ohnehin jeden Tag neu „produzieren"
und dabei die Chance haben, noch Besseres und Schöneres für
uns zu schaffen, brauchen wir nichts festhalten.

Ob unser Dasein nun „Illusion" oder „Wirklichkeit" ist, spielt
insofern keine Rolle, als wir unseren Alltag jedenfalls als Wirklichkeit erleben. Tatsache ist, daß wir diese „unsere Wirklichkeit"
alle so schön wie möglich haben möchten, und das spricht für
uns. Es zeigt, daß wir uns unbewußt nach Harmonie, das heißt
nach dem „Göttlichen Zustand" sehnen und das spricht auch für
die spirituelle Sichtweise des Feng-Shui, die diesem Buch zugrunde liegt.

Uns mit den Energien des Himmels (der geistigen Harmonie)
und der Erde (deren Ausdruck) in Einklang bringen, heißt einfach
ausgedrückt, daß wir erkennen, daß wir selbst ein schöpferisches

Bewußtsein sind, das sich zum Ausdruck bringt und daß wir damit mit dem höheren geistigen Prinzip übereinstimmen sollen.

1.3 Feng-Shui als ein bewußtseinserweiternder Prozeß
Die Umwelt als Spiegel unseres Selbst

Materie wird im Lexikon als die Substanz eines Körpers – im Gegensatz zur Form – und als mehr oder weniger verdichtete Energie definiert. Wenn das Körperliche verdichtete (sichtbare) Energie ist, dann ist verdünnte Energie (unsichtbare) der Geist, das heißt Materie ist verwandelte „Geist-Energie". Sie müßte ursprüngliches Bewußtsein sein, eine Kraft, die ständig alles verändert und Neues schafft. Den Zustand der Nicht-Veränderung gibt es nicht, weil wir als Energieform vom Wesen her veränderlich, d.h. in Entwicklung sind. Der göttliche Funken in uns läßt uns nicht ruhen. Selbst wenn wir „nichts" tun, geschieht etwas.

Da sich alle sichtbaren und unsichtbaren Strukturen aus speziellen Energieschwingungen (Bewußtseinsinhalten) zusammensetzen, erhalten sie ihre besonderen Eigenschaften. Je dichter die Schwingungen der ursprünglichen Bewußtseinsenergien werden, desto faßbarer wird ihr Ausdruck bis hin zu fester Materie. Einer Manifestation geht immer der Geist, der Gedanke, die Idee voraus. Wir müssen zuerst etwas denken, bevor wir es zum Ausdruck bringen können.

Über das Gesetz der Schwingungsresonanz ist es nun möglich in verschiedenster Art und Weise auf Körper, Geist und Seele des Menschen einzuwirken. Im Bereich der Farben ist diese Wirkung für die meisten Menschen unmittelbar zu spüren. Es gehört beinahe schon zum Allgemeinwissen, daß beispielsweise ein klares Rot einen aktivierenden und ein sanftes Grün einen beruhigenden harmonisierenden Einfluß auf uns hat. Auch die Schwingungen der Musik rufen in uns eine deutliche Resonanz hervor, die sich in bestimmten Empfindungen manifestiert. Nun gibt es auch hier belebende oder beruhigende Klänge, die im Bereich der Farben wiederum mit roten oder grünen Farbtönen korrespondieren. In der Astrologie zeigt sich das belebende, aktivierende Prinzip im Planeten Mars und das beruhigende, harmonisierende Prinzip in der Venus. Auf ähnliche Weise finden wir die Eigenschaften bestimmter Grundschwingungen auf den verschiedenen Ebenen unseres Daseins repräsentiert, auf die wir individuell entsprechend unserem Energiemuster reagieren.

Die Lösungen beim Feng-Shui in unserem Wohn- und Arbeitsbereich basieren auf dem grundsätzlichen Verständnis von unserem Dasein als Energieform und dem Energieausgleich sowohl auf der feinstofflichen als auch auf der materiellen Ebene, um von hier aus die seelisch-geistigen Analogien zu beeinflussen. Es erfaßt die gesetzmäßige kosmische Ordnung in ihrem unendlich vielfältigen Ausdruck und hat zum Ziel, unser Dasein mit ihr in Einklang zu bringen. Wie oben, so unten.

Wenn man davon ausgeht, daß Gott reine Geistenergie ist und wir ein Teil davon sind, nämlich Ge-schaffene, Be-wirkte, haben wir diesen Funken Geist in uns und können gar nicht sein, ohne selbst etwas zu bewirken. Das heißt, wir können nicht sein, ohne zu denken und ohne Wahrnehmung, der Vorstufe der Liebe! Und das was wir denken, und wie wir es tun, trägt wiederum das Geschaffene in sich. Wir müssen also zuerst etwas denken, oder fühlen, ob bewußt oder nicht, bevor es sich manifestieren kann. Zuerst kommt die Idee (Form) und dann die Manifestation (Inhalt).

Unsere Seele geht in eine Inkarnation, das heißt, sie geht mit einer bestimmten Information in die Körperlichkeit. Sie stellt sich eine spezielle Aufgabe (Idee) und schafft sich dafür einen Körper (Form), der genau diese dahinterliegende Idee ausdrückt. Er drückt automatisch seine „Idee" aus, ob wir wollen oder nicht. Sie soll uns durch ihn bewußt werden.

Diese Idee, die mit dem menschlichen Bewußtsein korrespondiert, wobei beide zusammen unsere Lebensenergie darstellen, bestimmt, wie wir reden, gehen, stehen, wie wir lachen und weinen, bestimmt unsere Körpergröße und die Hautfarbe, die Mimik und Gesten, die Art wie wir arbeiten und wie wir mit dem umgehen, was uns „geschieht", wobei der Anteil an menschlichem Bewußtsein noch sehr gering ist. Idee und Bewußtsein sind der göttliche Funke in uns und das, was wir daraus machen. Das heißt, daß wir und unser Dasein zum einen von höherer Weisheit und Liebe und zum anderen von unserem Wissen und unserer Liebe bestimmt sind, womit wir „unsere" Welt schaffen. Da wir sie selbst schaffen, können wir sie auch verändern und tun es ständig entsprechend unserem Bewußtsein. Da dies jeder auf seine Art macht, wir alle aber miteinander energetisch verbunden sind, bleibt das persönliche Denken, die subjektive Meinung und Handlung des einzelnen wie auch das objektive Denken nicht ohne Auswirkung auf andere. Und nicht nur hier in der sichtbaren Welt, sondern auch in der unsichtbaren, bis hin zu den kosmischen Energien, mit denen wir ebenfalls unmittelbar verbunden sind.

Manchmal begegnen wir Menschen, von denen wir sagen, sie können aus nichts etwas machen. Wir meinen damit Menschen, die besonders gut improvisieren können, im richtigen Augenblick die richtigen Ideen haben und diese geschickt umsetzen. Es sind Menschen mit besonderen Vorlieben, die ihre geistigen Gaben entsprechend zu nutzen wissen. Fehlt die Liebe, wird nichts Ganzes daraus. Rechtes Gelingen bedarf immer der Liebe, ganz egal was wir tun. Da wir aber auch viel Verdruß, Zweifel, Ärger, Frust, Trauer, Angst und Aggressionen in uns tragen, kommen diese ebenfalls zum Ausdruck, und das Geschaffene trägt dann diese Qualitäten in sich.

Wie man sich die Wirkung von Feng-Shui vorstellen kann
Eine scharfe Schrankkante ragt vor Ihrem Schreibtisch in den Raum und ist direkt auf Sie gerichtet. Sie steht für scharfe Kritik, Einschränkung, Beschuldigung und Bedrohung in Ihrem Bewußtsein und damit in Ihrem Leben, denen Sie unter bestimmten Umständen ausgesetzt sind, worunter Sie leiden und was Sie regelrecht krank macht. Die Menschen in Ihrer Umgebung, die Sie solchermaßen behandeln, können Sie nicht ändern. Jeder Versuch wird scheitern!

Das Einzige, was Sie ändern können, ist Ihr Denken und Fühlen und die Materie, die Sie selbst geschaffen haben oder ein anderer für Sie geschaffen hat und das Sie, im Sinne der Resonanz dazu, unbewußt gewählt haben.

Eine Pflanze könnte nun für Sie die Aggression aufnehmen, ein Mobile sie ableiten, eine geschliffene Kristallkugel könnte sie zerstreuen, eine Kugel ausgleichen. Die Ecke bleibt zwar da, der aggressive Mensch auch, aber Sie reagieren jetzt anders. Die Ausstrahlung der scharfen Kante trifft Sie nicht mehr. Hat Sie dieser Mensch zuerst ebenfalls aggressiv oder depressiv gemacht, so fühlen Sie sich nun nicht mehr so betroffen – Sie sind es ja auch nicht mehr. Sie könnten auch die Ecke abrunden und ihr die Schärfe nehmen, bringt sie doch auch Ihre eigene Kritiksucht oder Selbstbedrohung zum Ausdruck.

Was ist geschehen?
Sie haben eine äußere Schwingung in ihrer räumlichen Umgebung verändert, und Ihre innere Schwingung geht in Resonanz dazu, das heißt, diese neue Qualität sinkt jetzt langsam in Ihr Bewußtsein, verändert hier Ihr Denken und Fühlen und die daraus entstehende Verhaltensweise, und die unbewußte Disharmonie verschwindet aus Ihrem Leben.

Bedenken Sie, daß Sie nicht zufällig den Platz vor der Ecke gewählt haben oder einfach dahin gesetzt wurden. Alles, was wir tun oder uns im Leben geschieht, dient unserer Entwicklung. Feng-Shui kann uns auf sehr praktische Art helfen, unser Leben besser zu verstehen, Verdrängtes ins Leben zu integrieren, Bewußtseinsblockaden zu lösen, Verhaltensmuster zu verändern und neue Erkenntnisse in das Leben zu lassen. Es hilft auch so manche Krankheitssymptome zum Verschwinden zu bringen oder Schmerzen zu lindern.

Seminarteilnehmerin Frau Renate Specht aus Gauting schreibt: „Ich habe nach dem Seminar im letzten Herbst mein Bett anders gestellt, so daß mich eine scharfe Schrankkante nicht mehr über der Lunge treffen konnte, und bin dann binnen weniger Wochen eine quasi Dauerbronchitis, die sich im Laufe der vier Jahre, seit ich in dieser Wohnung wohne, herausgebildet und ständig verschlimmert hatte, losgeworden. Vielen herzlichen Dank für Ihre inspirierende Darstellung der Thematik!"

Wir stehen mit der Materie, zum Beispiel mit unserer Wohnung, in einer Wechselbeziehung wie mit den Menschen unserer

Umgebung, ebenso wie mit den nicht sichtbaren Energien. Und so wie für uns der Umgang mit manchen Menschen nicht förderlich ist, ist es auch mit räumlichen Gegebenheiten und eigenen Verhaltensweisen. Zuweilen kommen wir an einen Ort, wo wir uns sofort wohl fühlen und bleiben möchten, so wie wir manche Menschen auf Anhieb sympathisch finden und mögen. Sie sprechen unsere guten Seiten an und fördern sie. Es ist daher unbedingt notwendig für uns, uns mit angenehmen Dingen, guten Menschen und schönen Örtlichkeiten zu umgeben. Feng-Shui ist ein sehr brauchbares Mittel, die eigenen vier Wände dahingehend zu verändern.

Niemand wohnt zufällig in einem bestimmten Haus oder auch nur vorübergehend in einer bestimmten Wohnung, niemand arbeitet zufällig in einem bestimmten Büro, und sein Geschäft hat nicht zufällig einen bestimmten Grundriß. Jeder findet immer genau das, was zumindest zum Teil seinem Energiemuster entspricht. Mit dem Erkennen manifestierter Energiequalitäten und mit gezielten Veränderungen (Handeln) setzen wir neue Impulse zur Lebensveränderung. Es ist nicht schwer, die Dinge im Außen zurechtzurücken, harmonischer zu gestalten oder für höhere Schwingungen zu sorgen und damit eine positive Bewußtseinsveränderung herbeizuführen.

Mit der Veränderung der Wohnsituation ändert sich auch das Leben. Wer nicht handelt, wird be-handelt.

Durch bestimmtes Gestalten und Ausgleichen von Grundrissen, durch Zuordnen des Einganges und der Räumlichkeiten mit Hilfe des Ba-gua, durch Verwendung richtiger Farben und gezielter Dekorationen, richtiger Plazierung der Möbel, durch Neutralisieren geophatischer Störungen, etc. wird ein gesünderes, harmonischeres Umfeld geschaffen, welches die eigene Lebensenergie stärkt und entsprechend positiv auf uns einwirkt.

Anhand des Grundrisses kann man schon erkennen, welche Dispositionen seitens der Bewohner vorhanden sind. Wo sind ihre Energien hauptsächlich hingerichtet, eingeschränkt, zu stark konzentriert, blockiert, wo entschwinden sie ungenutzt?

Wenn wir bestimmte Problembereiche in unserer Wohnung korrigieren, geht es nicht darum, das Schicksal zu überlisten, sondern darum, verhängnisvolle Kreisläufe zu unterbrechen und in andere Bahnen zu lenken. Gewöhnlich ist es für uns sehr schwer, unsere unbewußten Gedanken-und Verhaltensmuster zu erkennen und zu ändern. Wenn wir sie aber sehen und angreifen können, geht es wesentlich leichter. Indem wir im wahrsten Sinn des Wortes Hand anlegen, beginnen wir die Dinge in die Hand zu nehmen, also selbst zu handeln und nach unseren Wünschen zu gestalten. Wir werden unabhängiger und freier, weil wir immer bewußter die Art und Weise unseres Daseins selbst bestimmen. Unser Wissen über uns und das Vertrauen zu uns selbst wächst und führt zu mehr Selbstbewußtsein und Selbstvertrauen, das wiederum stärkt das Selbstverständnis und die Selbstakzeptanz und führt zu echter Selbstliebe. Dadurch fühlen wir uns dem Leben nicht mehr so hilflos ausgeliefert, nämlich ohne Macht, und lernen zu unterscheiden zwischen dem, was wir annehmen müssen (unser Lebens- bzw. Lernthema) und dem, was wir ändern können (unsere Einstellung dazu). Dies ist vergleichbar mit dem Grundriß und wie wir uns einrichten. Der Grundriß stellt das Lernthema dar, und die Art und Weise, wie wir uns einrichten, zeigt, wie wir damit umgehen.

Unsere Einstellung ist geprägt von unserer Erziehung, von übernommenen Verhaltensmustern, Gegebenheiten und Ereignissen, wie überhaupt von allen Erfahrungen die wir machen und gemacht haben. Der Mensch kann nicht sein, ohne zu denken. Er produziert also ständig. Je bewußter uns ist, was wir denken und damit bewirken, umso besser können wir die Verantwortung dafür übernehmen und unser Leben harmonischer gestalten. Wir finden unseren inneren Zustand manifestiert in unserer Umgebung wieder und können dadurch sehr gut erfahren, wer und wie wir sind.

Die äußere Umgebung wirkt ständig auf uns ein, ob uns das bewußt ist oder nicht. Meistens denken wir jedenfalls nicht daran. Es ist ein folgenschwerer Kreislauf: Wir gehen mit dem Potential in uns, das unsere Wohnung hat, außer Haus und bringen es in unseren Arbeitsbereich und in die Gesellschaft ein. Hier erfahren wir die entsprechende Resonanz, d.h. die positive oder negative Verstärkung. Mit dieser kommen wir dann nach Hause, wo wir wiederum unsere Entsprechung vorfinden, die uns wiederum positiv oder negativ beeinflußt.

Angenommen, wir neigen zu Depression, und unsere Lebensenergie ist geschwächt. Diesen Umstand finden wir in unserer Wohnung manifestiert. Wir können uns also Zuhause nicht erholen und gehen immer wieder mit dieser Tendenz in uns außer Haus. Unser Verhaltensmuster bewirkt in unserem beruflichen oder gesellschaftlichen Wirkungskreis die entsprechende Reaktion der anderen, was uns wiederum in unserem Verhalten bestärkt. Wir kommen entmutigt nach Hause, können uns aber hier nicht erholen. Diesen Kreislauf durch Bewußtwerden desselben zu unterbrechen ist oft sehr schwer, dagegen ist es nicht schwer, die manifestierte Blockade in der Wohnung zu korrigieren. Indem man mit Feng-Shui das gesamte Energieniveau hebt und negative Energien ausgleicht, kommt automatisch ein Prozeß in Gange, der unsere Gedanken in neue Bahnen lenkt. Je nachdem, um was es sich handelt, geschieht das oft sehr schnell oder ganz allmählich. Man reagiert plötzlich anders, vielleicht nicht mehr so heftig oder weniger passiv, man zieht andersartige Ereignisse an, begegnet anderen Menschen, findet ein bestimmtes Buch oder sonst etwas, das einem das Problemthema erkennen und begreifen läßt und neue Erfahrungen möglich macht. Alles geht leichter, harmonischer, fließender.

Auf diese Weise kommt ein neuer Kreislauf zustande, der alte ist unterbrochen und kann vergessen werden. Da unser Bewußtsein auch unseren Körper bestimmt, wirkt sich dies natürlich auch im positiven Sinne auf unsere Gesundheit aus.

Unsere Wohnumgebung ist im weitesten Sinne unsere Form, und wir sind der Inhalt. Es ist die Art und Weise unseres inneren Energieausgleiches, der die äußere Form schafft oder sich wählt, obwohl wir oft das Gefühl haben, daß wir gar keine Wahl haben. Dies deshalb, weil uns dieser Vorgang nicht bewußt ist bzw. wir unseren Inhalt, d.h. uns selbst, zu wenig kennen. Unsere bewußten, wie auch unsere unbewußten Gedanken und Verhaltensmuster bilden bestimmte Energieformen, die danach streben verwirklicht zu werden. Um diese Energie entsprechend zu verdichten, bedarf es massiver Gefühle, die durch Wiederholungen bestimmter Gedanken oder durch Erinnerungen entstehen. Da sich alte Erfahrungen oft durch ihre starke Prägung ständig wiederholen, stellen sie ein entsprechend verdichtetes Energiefeld dar und begegnen uns in manifestierter Form auf vielfältige Weise, bis wir sie endlich irgendwann erkennen. Wie innen, so außen.

Wir stehen mit unserem äußeren Umfeld in direkter Beziehung (Verbindung), ebenso wie mit unserem inneren. Bewußt oder unbewußt gibt es immer eine Wechselwirkung, die mehr oder weniger spektakulär ist. Beziehung ist etwas Ganzheitliches und schließt alles mit ein: Freude, Hoffnung und Liebe, Visionen, Handlungen, Zärtlichkeit oder Kampf, Gespräche, Konflikte, Sorge, Trauer und Leid etc. Es umfaßt das Annehmen-Erkennen-Loslassen auf allen Ebenen des Seins und ist eine ständig wechselnde Landschaft, ein sich ständig veränderndes Muster. Das Veränderliche (Fließende) wird gestört, wenn wir eins der „Bilder" festhalten oder „überspringen" wollen. Dann bremsen wir den natürlichen Fluß der Dinge oder beschleunigen ihn in unserer Ungeduld so sehr, daß wir manches Glück versäumen. Dies geschieht auf der gedanklichen und der Gefühlsebene und manifestiert sich im Körper als Stau oder energetisches Leck und macht uns krank. Wir erkennen diese Störungen auch als Manifestationen in der Wohnung. Die Energie muß frei fließen können, um alle Aspekte unseres Daseins zu erreichen. In Harmonie leben, heißt daher Annehmen-Erkennen-Loslassen-Annehmen-Erkennen-Loslassen-usw. Es heißt eine Beziehung mit der eigenen Vielfalt leben.

Ein „gesunder" Geist wohnt in einem gesunden Körper und in einer gesunden Umgebung. Es ist gleichgültig, von welcher Seite man den Prozeß des Heilwerdens angeht. Für viele ist das Materielle, das Körperliche, leichter begreifbar, im wahrsten Sinn des Wortes.

Feng-Shui praktizieren heißt eine bewußte Beziehung mit seinem räumlichen Umfeld eingehen. Es in seiner Vielfalt wahrnehmen, verstehen und die Wechselbeziehung mitbestimmen. So, wie wir es auch mit unserem Körper tun. Eine bewußte Beziehung eingehen, heißt auch, daß wir nicht der Körper selbst sind, sondern einen Körper haben, der unser Selbst zum Ausdruck bringt.

Was wir vor allem brauchen, um das Leben zu meistern, ist die universale Lebensenergie. Es ist der Stoff, aus dem wir sind. Es ist das göttliche Prinzip, das in allem fließt. Mit Ihm zu fließen und Es fließen zu lassen, bringt uns Heil und Segen, d.h. Gesundheit und Freude. Diese Energie durchströmt unaufhörlich unseren Körper und macht ihn immer wieder neu, so wir sie nicht durch unser Bewußtsein daran hindern. Lassen wir sie also auch durch unsere Wohnungen fließen.

Im Universum geht kein Gedanke und kein Gefühl verloren. Energie selbst können wir weder erzeugen, noch vernichten, aber wir können ihre verdichteten Formen umwandeln. Dazu müssen wir sie erst in ihrer Qualität (Aussage) erkennen. Wir müssen danach „fragen". Nach dem Resonanzgesetz kommt auf jede Frage die entsprechende Antwort. Selbst die Qualitäten gleichen sich. Auf eine Vielleicht-Frage gibt es auch eine Vielleicht-Antwort. Auf eine Eventuell-Bitte, ein Eventuell-Ereignis. Es geschieht nach unserem Denken und Fühlen, je nach dem, was wir wirklich wollen. Dies ist ein wesentlicher Grund, warum das Feng-Shui besonders im geschäftlichen Bereich schnelle Erfolge zu verzeichnen hat. In diesem Lebensbereichen wissen wir genau, was wir wollen, und sind darin konsequent. Da haben wir meist eine konkretere Vorstellung und befolgen die Feng-Shui Maßnahmen korrekt, was sehr wichtig ist. Im privaten Bereich ist dies oft nicht so direkt der Fall. Vorstellungen und das wirkliche innere Wollen der Veränderung müssen sich mit Hilfe von Feng-Shui oft erst entwickeln. Im Geschäftsleben geht man von vornherein zielbewußter an die Sache heran. Ungünstige Situationen anzunehmen, scheint uns hier unlogisch, privat weniger, weil wir da paradoxerweise meinen, daß wir sie damit nicht los werden. Wir verdrängen sie. Im kommerziellen Bereich geht das nicht, da bekommen wir sofort und sehr direkt Ärger.

Die räumlichen Umstände zeigen uns deutlich, wo unser inneres Defizit liegt. Ein inneres Defizit an Dankbarkeit und Liebe, Würdigung und Freude über die angenehmen und schönen Dinge im Leben, zeigt sich zum Beispiel auch als ein äußeres Defizit. Statt Dankbarkeit hegen wir Neidgefühle, statt Angenehmem erleben wir dann Unangenehmes. Das fängt bei den Kleinigkeiten an.

Geben Sie sich daher selbst Aufmerksamkeit und Liebe, und auch sonst alles, was Sie von anderen erwarten, damit Sie sich jetzt schon freuen können. Freude und Liebe haben die höchsten Schwingungen.

Bedenken Sie: Die Zukunft läßt sich kreieren, heute, in der Gegenwart. Wie sagte schon Tolstoi? „Wir leiden an der Vergangenheit und verderben uns die Zukunft, weil wir die Gegenwart verschmähen".

Die kosmische Gerechtigkeit.

Achte auf Deine Gedanken,
denn sie werden Worte.

Achte auf Deine Worte,
denn sie werden Handlungen.

Achte auf Deine Handlungen,
denn sie werden Gewohnheiten.

Achte auf Deine Gewohnheiten,
denn sie werden Dein Charakter.

Achte auf Deinen Charakter,
denn er wird Dein Schicksal.

(Talmud)

2. Die fünf kosmischen Gesetze zur Bewußtseinsentwicklung des Menschen in Verbindung mit Feng-Shui

Unser Bewußtwerdungsprozeß unterliegt einer gewissen Gesetzmäßigkeit, unser Dasein ist von Strukturen überlagert, die wir kennen sollten, damit wir verstehen, wie es kommt, daß unser Denken unser Leben bestimmt.

2.1 Das Polaritätsgesetz
(Gegensätzlichkeit)

Für die Wahrnehmung unseres Daseins in der Materie, und um uns in unserer Körperlichkeit zu erfahren, erleben wir die Welt in zwei gegensätzlichen Polen.

Unsere Bewußtseinserweiterung geschieht zum Beispiel über zwei Arten des Denkens. Das analoge Denken (senkrecht, von oben nach unten) ist das Übertragen einer Information von einer erkannten Gesetzmäßigkeit einer ganzen Struktur (Prinzip) auf andere Daseinsebenen. Das lineare Denken (waagrecht, von links nach rechts oder wie im Osten, von rechts nach links) fügt auf jeweils einer Ebene eine Erkenntnis zur anderen und baut so Strukturen (Modelle) von sich aus auf. Es wird das logische Denken genannt, während das analoge Denken „unlogisch" ist, weil es ein intuitiver, also unbewußter und bildhafter Vorgang ist. Tatsächlich ist es aber so, daß wir ohne die Fähigkeit des analogen Denkens gar nicht existieren könnten.

Das Polaritätsgesetz stellt das Urprinzip der Schöpfung dar und zeigt sich uns von der Geburt (Yang) bis zum Tod (Yin) auf allen Ebenen. Angefangen bei den Protonen und Neutronen des Atomkerns, dem Lachen und Weinen, der Kunst und Wissenschaft, bis hin zu Gott und der Welt.

Die Chinesen bezeichnen den männlichen Aspekt der Schöpfung als Yang und den weiblichen als Yin. Ich bevorzuge in der

Folge diese Begriffe, weil sie uns mehr oder weniger fremd sind und daher nicht wertend besetzt sind.

Zum Beispiel:

Y A N G männlich (+)	Y I N weiblich (–)
Himmel	Erde
oben	unten
hell	dunkel
außen	innen
Menschen	Häuser
Sonne	Mond
Leben	Tod
Berge	Ebene
hart	weich
aktiv	passiv
geben	nehmen
sagen	schweigen
fleißig	faul
denken	fühlen
wachen	schlafen
stehen	liegen
bewußt	unbewußt
rechts	links
gerade	geschwungen
elektrisch	magnetisch
Verstand	Intuition
senkrecht	waagrecht
Addition	Subtraktion
logisch	unlogisch
intellektuell	spirituell
objektiv	subjektiv
Quantität	Qualität
Geist	Liebe
etc	etc.

Diese Begriffe sind willkürlich gewählt, um ihre Vielfalt aufzuzeigen.

Da die Gegensätzlichkeiten im immerwährenden Bestreben, sich zu ergänzen und neu zu kreieren, ständig in Bewegung, das heißt in Veränderung sind, sind sie nicht immer so leicht in ihrer Qualität zu erkennen. Sie wandeln sich infolge von Information (In-form-gehen). Zudem haben sie sowohl objektiven als auch subjektiven Charakter und sind daher sowohl Yin, als auch Yang – je nach Sichtweise.

Im Lateinischen wird ein Objekt als das Entgegengeworfene oder als ein Gegenstand, auf den sich eine Tätigkeit oder Wahrnehmung richtet, definiert. Im philosophischen Sinn ist das Objekt ein Gegenstand des Denkens. Unter objektiv meinen wir logisch, sachlich und unvoreingenommen, Begriffe von denen unsere Wissenschaften geprägt sind, obwohl sie gar nicht unvoreingenommen sind. Objektiv erscheinen uns deshalb die Gegensätze, weil wir sie getrennt voneinander erleben bzw. wahrnehmen und nicht gleichzeitig. Sub ist eine lateinische Vorsilbe und heißt unter - untergeordnet. Das Subjekt ist etwas Zugrundeliegendes, eine Person oder Sache, von der etwas ausgesagt wird, zum Beispiel vom wahrnehmenden, empfindenden Ich, das also subjektiv auf das Objekt bezogen ist. Im übertragenen Sinne gilt die Subjektivität als unsachlich, willkürlich und unlogisch. Es gibt so viele unterschiedliche Wahrheiten wie Menschen auf der Welt, die gemeinsam die eine Wahrheit der Menschheit sind.

Subjekt (Yin) und Objekt (Yang) als Gegensätze stehen in Wechselbeziehung, und das „Objekt" (der Gegenstand der Betrachtung) verändert sich bereits, indem man (Person) ihn nur betrachtet. Das Objekt nimmt also sehr schnell subjektiven Charakter an, und dies zeigt uns, wie sensibel die Gegensätze aufeinander einwirken.

Es scheint paradox, wenn Gegensätze zugleich keine Gegensätze sind, weil sie das Gleiche sind. Aber alles hat seine zwei Seiten, nicht nur die Medaille. Wenn wir ein Geldstück werfen, fällt es entweder so (Kopf) oder so (Zahl) und ist zugleich sowohl so als auch so das Geldstück. Unsere Betrachtungsweise ist einseitig, weshalb wir immer nur die halbe Wahrheit erfahren, die uns wiederum ein-seitig beeinflußt.

Der Himmel oben ist also Yang, die Erde unten Yin und zugleich ist der Himmel unsichtbar (Yin) und die Erde sichtbar (Yang). Auf der Erde leben Menschen (Yang), diese sind Yin (weiblich) und Yang (männlich). Sie haben alle ein Inneres (Yin) und ein Äußeres (Yang). Auch die Erde weist Berge und Täler auf, diese sind Yang, und Flüsse und Meere, die sind Yin. Das Süßwasser ist Yang, das Meerwasser Yin. Die Berge wiederum sind im Vergleich zu den Ebenen Yang und diese Yin. Ist das Land trocken (Wüste), dann ist es Yang, oder feucht (fruchtbar), dann ist es Yin. Die Pflanzen sind Yin, und die Tiere sind Yang. Diese teilen sich wieder, usw, usf.

Reiner Geist selbst ist zum Beispiel Yin/Yang. Wir erleben ihn in der Qualität unseres Verstandes als Yang und als Intuition als Yin.

Liebe ist Yin, und wir erleben sie als Gefühl (Yang) und als Instinkt (Yin). Gleichzeitig teilt sich das Gefühl wiederum in Yin- und Yanggefühle, wie Mitleid oder Haß. Alle diese Gefühle können wir wiederum Yang leben, indem wir sie ausdrücken, oder Yin, indem wir sie verschweigen. Aggression ist Yang, Depression ist Yin, doch beide entstehen durch Stau (Yin).

Aktive (Yang) Energie fließt gerade, passive (Yin) geschwungen. Beide sind beides zugleich und doch verschieden. Wenn Sie die Welt umkreisen, würden Sie wohl auf einer Geraden reisen, und doch befänden Sie sich ständig in einer Kurve, und ob dieses Geschehen aktiv oder passiv für Sie ist, ist eine Frage der Art Ihres Tuns sowie der Sichtweise und unterliegt wiederum dem Polaritätsgesetz von Zeit (Yang) und Raum (Yin). Wenn Sie als Passagier im Flugzeug sitzen, erleben Sie die Umkreisung im passiven (Yin) Zustand, wenn Sie aber selbst fliegen, handeln Sie und sind also aktiv (Yang). In beiden Fällen umkreisen Sie die Welt. Sie tun dasselbe und doch bei weitem wieder nicht das Gleiche. Im Flugzeug fliegen Sie außerdem immer geradeaus (Yang). Wenn Sie aber nur mit dem Finger über den Globus fahren, ist die Linie gebogen, also Yin. Einmal nehmen Sie die Umkreisung der Welt als eine Gerade wahr (Yang) und im anderen Fall als Kreis (Yin).

Die Qualitäten ergeben sich also einerseits aus dem Verhältnis zueinander (objektiv) und sind außerdem eine Frage unserer Wahrnehmung (subjektiv). Da es keine Wahrnehmung ohne Verhältnis gibt, stehen wir mit allem, was wir wahrnehmen, in Beziehung.

Im Absoluten stellen Yin (Liebe) und Yang (Geist) eine Einheit dar, sie sind also nicht getrennt. Schöpfer und Schöpfung sind Eins. Wir kommen dem am nächsten, wenn Yang und Yin ausgeglichen sind, wie es im Yin/Yang-Zeichen dargestellt wird.

Die Lösungen im Feng-Shui basieren grundsätzlich auf dem Ausgleich von Yang und Yin. Zuviel Yang-Energie (gerade Linien) kann sich zum Beispiel als Aggression ausdrücken und zuviel Yin-Energie (geschwungene Linien) als Trägheit. Ausgeglichen wird, indem man das Gegenteil stärkt.

Aggression verliert automatisch an Gewicht, wenn Sie dem Grund für dieses Gefühl mehr Liebe und Verständnis entgegenbringen. Die Schwere der Trägheit wandelt sich, wenn mehr Freude aufkommt.

Wiegt ein Teil schwerer, müssen wir eben beim anderen dazulegen. Um bei dem Beispiel der scharfen Schrankkante zu bleiben: Sie zeugt von zuviel Yang-Energie. Stellen oder hängen Sie nun eine Pflanze davor, stärken Sie die Seite des Betroffenen (Yin), also die Yin-Energie, und gleichen aus. Sie werden dadurch gleich stark und das verändert Ihr Bewußtsein, und dadurch werden Sie in Zukunft auch anders auf derartige Aktionen in Ihrem Umfeld reagieren.

Stellen Sie sich eine Waage vor mit zwei unterschiedlich gefüllten Waagschalen. Die eine ist mit der Yin-Engergie „Passivität" gefüllt, die andere mit der Yang-Energie „Aktivität". Wird eine davon zu schwer, weil wir zum Beispiel zu lange geschlafen haben, entsteht ein Defizit in der Arbeitszeit. Nun können wir aber die verschlafene Zeit nicht ungeschehen machen (aus der einen Waagschale wegnehmen), sondern müssen mit verlängerter Arbeitszeit, oder sonst einer aktiven Aktion, das Defizit wieder auffüllen (auf der anderen dazulegen). Tun wir das bereitwillig, erleben wir das „Aus-der-Balance-Gefallen-sein" in Wellenlinie, ärgern wir uns, fallen wir von einem Extrem ins andere, nämlich vom angenehmen langen Schlaf in eine ärgerliche Hektik und müssen eine Zickzacklinie ertragen.

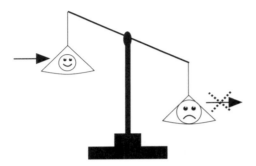

Waage, dazugeben und nicht wegnehmen wollen

Immer dann, wenn eine Energie im Verhältnis zur anderen zu sehr überwiegt, wandelt sie sich in das Gegenteil um und schafft sich ihren adäquaten Gegenpol. Obwohl wir vielleicht denken, es kann nicht zu viel Gutes geben, ist es doch so. Wenn Sie zum Beispiel jemandem zu viel Gutes (positiv) tun, dann ist es deswegen zu viel, weil dieser so viel nicht vertragen kann, ein anderer vielleicht schon, und bei dem wäre es dann nicht zu viel. Da es dem einen aber zu viel ist, empfindet er es als nicht mehr gut (unangenehm), und dadurch wirkt das ursprünglich Gute nicht mehr positiv, sondern negativ. Die Chinesen nennen dies die Umwandlung von Ch´i in Sha-Ch´i. Wir können das verhindern indem wir selbst rechtzeitig „umschalten".

Wenn Sie etwas Unangenehmes im Leben loswerden wollen, dann geben Sie diesem keine Gedankenenergie mehr, sondern wenden Sie sich dem Gegenteil zu. Es ist schon von Haus aus stärker.

2.2 Kausalitätsgesetz
(Ursache und Wirkung)

Das Kausalitätsgesetz zeigt uns, daß wir, als dritte Kraft, auf die beiden Urkräfte Yin und Yang einwirken und sie mitbestimmen, indem wir „auch" Ursachen setzen. Die erste und ursprüngliche Ursache wurde von höherer Stelle gesetzt. Von jemandem, der schon vor uns da war. Deshalb sind die Waagschalen vom Anbeginn an aus der Balance. In der einen liegt sozusagen ein Vorschuß an Liebe (Güte). Deshalb wiegt das Gute immer schwerer als das Böse, deshalb kann das Licht die Dunkelheit erhellen und das Wissen die Unwissenheit besiegen.

Wie wir die Gegensätzlichkeit erleben, ist eine Frage unserer Einstellung dazu, das heißt unseres Bewußtseins. Ob in anregender Weise, weil bejahender Einstellung, oder in leidvoller Weise, weil ablehnender Haltung, das ist unsere „freie Entscheidung". Doch sind wir dabei nur bedingt frei, denn nur derjenige, der weiß, kann wählen. Unsere Bewußtseinsentwicklung ist also auf Information aufgebaut.

Stellen Sie sich ein Pendel vor, das hin- und herschwingt. Könnte es nur in eine Richtung schwingen? Nein, das eine kann ohne das andere nicht sein, deshalb beinhaltet das eine bereits das andere. Aus der Interaktion ergibt sich eine d r i t t e Kraft, unsere Lebensenergie. Sie ist unser Bewußtsein, das wiederum das Wechselspiel der Gegensätzlichkeiten beeinflußt. Ohne das Bewußtsein gäbe es gar keine Gegensätzlichkeiten für uns und ohne diese kein Bewußtsein.

Energie ist Energie. Alles ist Energie. Wir können deshalb weder eine bessere Energie erzeugen, noch können wir eine schlechte vernichten, wir können sie nur umwandeln. Das tun wir ständig, ob bewußt oder unbewußt, mit unseren Gedanken und Gefühlen und setzen damit neue Ursachen mit entsprechender Wirkung und damit halten wir das Pendel in Schwung.

Es besteht auch hier eine Wechselbeziehung, die auf allen Ebenen gilt.

Das „logische" Gesetz von Ursache (Yin) und Wirkung (Yang) weist im Besonderen auf unsere Spiritualität hin, das heißt der

Bewußtwerdung der geistigen Ebene als unsere höchste Wirklichkeit. Es macht uns klar, daß wir selbst die Verursacher unserer Wirklichkeiten sind. Wir er-denken uns zusagen unsere Geschichte so, wie wir sie dann er-leben.

Jeder von Ihnen kennt zumindest einen der folgenden Sprüche: Wie man sich bettet, so schläft man. Was man sät, das erntet man. Was man denkt, das ist man. Doch allein die Tatsache, daß wir diese Sprüche mit „man" formulieren, zeigt, daß wir sie nicht allzu persönlich meinen, sondern dabei eher auf die anderen zeigen.

Deshalb empfinden wir auch die „anderen" als Verursacher unserer persönlichen Geschicke. Jesus sprach uns aber direkt an: Es geschieht Euch nach Eurem Glauben. So wie wir denken, handeln wir. Und was wir damit verursachen, kommt (wirkt) auf uns zurück, weil wir ja so denken.

Das Schwingen des Pendels in eine Richtung bestimmt die Schwingung in die andere. Je weiter das Pendel ausschlägt, desto intensiver erleben wir die Qualitäten (z.B. Freude/Leid). Durch unser Denken bestimmen wir den Ausschlag des Pendels.

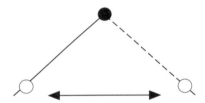

Die Qualität und Stärke der Schwingung in eine Richtung bedingt eine ebensolche in die andere. Das Pendel „zeichnet" damit ein Dreieck

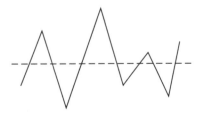

So geht es enorm auf und ab im Leben

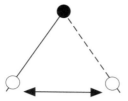

Alles realisiert sich schon schneller und ist gleichzeitig nicht mehr so extrem verschieden

Hier zeigt sich langsam die Einschwingung auf den goldenen Mittelweg

2.3 Analogiegesetz
(Übereinstimmung)

Das Analogiegesetz besagt, daß das Große dem Kleinen gleicht, das Innere dem Äußeren, daß „oben" dieselben Gesetze herrschen wie „unten" und daß wir uns dadurch am göttlichen Prinzip orientieren können. Es gibt uns auch zu verstehen, daß wir nicht Gott selbst, aber als Menschen Ihm „gleichartig", nämlich liebende, denkende Wesen sind.

Analogien sind sich wiederholende Energiemuster (Strukturen Ausdrucksformen, Informationen) der kosmischen Ordnung in den verschiedensten Erscheinungsformen und Qualitäten, die sich durch alle Ebenen ziehen und sich uns auf vielfältigste Weise präsentieren. Es handelt sich um Grundschwingungsmuster (man könnte sich zum Beispiel einen ganzen Satz an Information vorstellen), deren Aussage in einem bestimmten Stein, in Blume, Farbe, Mensch, Tier, Pflanze, Ton, Zahl, Gemütsverfassung, Wort oder Form, etc. enthalten ist.

Bei dem Prozeß der Erweiterung der grundlegenden Bewußtseinsenergie entwickeln sich zunächst einige Grundschwingungsmuster, die alle Ebenen der Schöpfung durchziehen. Wir wissen beispielsweise, daß sich das farblose weiße Licht in die sieben Spektralfarben teilt, aus deren Kombinationen sich der gesamte Farbenreichtum unserer Welt ergibt. Zu den Grundschwingungsmustern, die sich im Bereich des Lichtes in Form bestimmter Farben manifestieren, finden wir wiederum Entsprechungen auf allen anderen Ebenen. Zum Beispiel im Reich der Klänge. Auch hier gibt es Grundschwingungsmuster in Form der Grundtonleiter, auf der sich eine unendliche Vielzahl musikalischer Werke aufbauen läßt. In jedem Bereich, den wir auf diese Weise analysieren, stoßen wir auf grundlegende energetische Muster, gleichgültig ob es sich um Planeten, Düfte, Formen, Farben, Töne, Zahlen, Pflanzen, Tiere, Mineralien, oder Menschen (Archetypen) handelt, die wiederum untereinander ihr Entsprechungen haben. Das Zahlensystem von eins bis neun gilt als sehr konkretes derartiges Grundmuster und schildert sehr einleuchtend unsere Schöpfungsgeschichte und das kosmische Ordnungsprinzip. Ebenso läßt sich dieses auch astrologisch nachvollziehen oder mit der Farbenlehre erklären.

Dies lehrt uns, daß die göttlichen Prinzipien auf allen Ebenen Gültigkeit haben; das erleichtert uns sie zu erkennen und nachzuahmen. Wie oben so unten. Wie innen so außen.

Das analoge Denken ist das Denken, das aus der rechten Gehirnhälfte kommt und Begriffe in Bilder verwandelt. Es ist das gefühlsmäßige Denken und intuitive Erfassen von Zusammenhängen im Gegensatz zum analytischen Denken der linken Gehirnhälfte im Sinne von logischen Schlußfolgerungen.

Das Denken in Analogien geht über die uns bekannte Realität hinaus und schafft neue Bilder, die neue Wirklichkeiten werden sollen. Dieses Denken ist zuständig für unsere Träume, Illusionen und Ideen, die ursprünglich der Logik entbehren, aber für unsere Entwicklung unerläßlich sind. Wenn sogenannte realistische Menschen nichts vom Träumen halten, Illusionen nicht gelten lassen, begreifen sie nicht, daß sie selbst ohne solche gar nicht leben könnten und nichts zustande brächten. Allein um unsere täglichen Alltagsprobleme zu lösen, brauchen wir viel Phantasie. Je weniger wir davon haben, desto schwerfälliger und mühsamer ist das Leben, weil uns eben nichts einfällt und uns deshalb wenig Neues zufällt und weil wir dann von den Ideen anderen be-dacht werden. Im wahrsten Sinn des Wortes. Yin (analog) und Yang (analytisch) sind normalerweise nicht gleichzeitig am Werk, sondern abwechselnd. Zuerst muß uns ein passendes Bild, d.h. die Lösung einfallen, dann können wir sie mittels unseres Verstandes umsetzen. Im Wesen der Zeit liegt es, daß nichts absolut gleichzeitig geschehen kann.

2.4 Resonanzgesetz
(Mitschwingen)

Durch das Resonanzgesetz werden die Qualitäten der Ursachen, die wir setzen, noch klarer, offenbarer und damit oft erst erkennbar für uns. Ähnliche Schwingungen ziehen einander an und verdichten sich immer mehr. Die Resonanz wirkt sozusagen als Verstärker und macht alles deutlicher. Es ist wie mit einem Echo.

Die Gegensätze verstärken sich und wirken gleichzeitig noch stärker aufeinander ein.

Gegensätze ziehen sich an.
Gleich und Gleich gesellt sich gern.

Beides stimmt. Unsere innere Schwingung (Yin) findet immer im Außen (Yang) eine analoge (gleichartige) Schwingung, die mitschwingt und sie verstärkt. Obwohl Gegensätze (innen - außen), ziehen sie sich an, weil sie gleich sind

So kommen die positiven, wie auch die negativen Verstärkungen zustande und sind wesentlicher Bestandteil von Veränderung. Wenn Sie ärgerlich sind, ziehen sie Ärger an. Wenn Sie für sich Liebe und Achtung empfinden, ziehen Sie diese von Außen an.

Gerade das Resonanzgesetz zeigt uns, wie sehr wir mit allem verbunden sind. Die gleichartigen Bewußtseinsinhalte verbinden sich und verstärken sich dadurch. Sprüche wie „gemeinsam sind wir stärker" oder „mit dem Wind heulen" zeugen davon.

2.5 Karmagesetz
(Wiederholung)

Bei allem, was wir anfangen, erhebt sich die Frage, wie wir es zu Ende bringen. Dazwischen liegt immer eine neue Erfahrung.

Einen Kreislauf von Ursache und Wirkung, der uns immer tiefer ins Leiden stürzt, können wir nur unterbrechen, indem wir uns ganz bewußt für bessere Ursachen, sprich Gedanken, entscheiden. Das Karmagesetz gibt uns die Chance, dies in zahlreichen Wiederholungen schlußendlich doch noch zu begreifen.

Wir begegnen unseren Bewußtseinsinhalten und dessen Auswirkungen immer wieder, in verschiedenen Ereignissen mit demselben Thema, bis wir erkannt haben, was gottähnlich ist und was nicht. Da wir die Bewußtseinsinhalte, die uns ja größtenteils nicht bewußt sind, mal im Yin (passiv) und mal im Yang (aktiv) erleben, lernen wir die Sache von beiden Seiten kennen. Einmal sind wir Opfer, das andere Mal Täter. Leider erkennen wir oft erst in der Opferrolle, daß etwas in unserer Gesinnung nicht in Ordnung, das heißt gesetzmäßig ist.

Das Karmagesetz hilft uns zu verstehen, daß Energie innerhalb einer kosmischen Periode nur in eine Richtung, nämlich vorwärts fließt. Unsere geistige Entwicklung hin zu Gott ist also zwingend und bewegt sich in einer Spirale. Zwar scheint es oft so, als bewegten wir uns im Kreis und kämen nicht vom Fleck, doch „etwas" bleibt immer hängen. Nichts ist umsonst.

Das Karmagesetz wird in den östlichen Weisheitslehren mahnend als Rad des Schicksals dargestellt, und man spricht vom „Ab"-tragen des Karmas. Dies wird oft mißverstanden, im Sinne, daß es keine andere Lösung gibt, als heute das zu ertragen, was wir gestern verursacht haben. Wir vergeuden damit womöglich ein ganzes Leben. Günstiger für uns ist es aber, wenn wir uns selbst in Liebe verzeihen und es in Zukunft besser machen. Denn was immer wir auch Ungutes getan haben mögen, es geschah aus einem Defizit besseren Wissens. Und das müssen wir uns naturgemäß alle zugestehen, sonst wären wir nicht auf dem Weg.

Das Rad des Schicksals ist im übertragenen Sinn die Bewußtseinsreise zu uns selbst. Immer wieder bekommen wir die Gelegenheit, uns von allen Seiten zu betrachten und zu erfühlen. Und immer wieder erleben wir noch neue Seiten. Wenn vielleicht auch oft nicht viel, aber ein bißchen mehr Erkenntnis über uns bleibt immer hängen. Dafür sorgt das Gesetz von Ursache und Wirkung, welches im Karmagesetz seine Erweiterung findet. Jede Erfahrung ist ein Schritt auf dem Weg und bringt uns in der Selbsterkenntnis weiter.

Im Außen erleben wir den Fortschritt im Übermaß mit Hilfe unserer Technik. Längst kennen wir die Schönheit der Erde auch von oben weil wir bestimmte physikalische Gesetzmäßigkeiten erkannt haben, die uns das Fliegen ermöglichen. Das Erfassen der inneren kosmischen Gesetzmäßigkeiten führen uns zu u n - s e r e r Schönheit, unserem wahren göttlichen Kern.

Wir fliegen, um schneller weiterzukommen. Dem gegenüber besteht jedoch ein riesiges Defizit was die Wahrnehmung und das Erleben von uns selbst betrifft. Das Tempo unserer Erlebnisreise in unser Inneres ist tatsächlich auch bereits beschleunigt worden, darum wird es auch bewußtseinsmäßig höchste Zeit „abzuheben". All zu langsam waren wir auf dem Weg.

Es ist keine Zeit mehr, Leben für Leben altes Karma abzutragen. Wir benötigen vielmehr einen erhöhten inneren Blickwinkel, um uns durch Erkenntnis und Vergebung davon zu erlösen und es hinter uns zu lassen.

Das Karmagesetz ist keine Strafe Gottes, sondern dient der Evolution auf allen Ebenen des Seins. Es bezieht sich auch nicht nur auf Wiederholungen in mehreren Leben, sondern auch auf das alltägliche Geschehen des gegenwärtigen Lebens.

Zusammenfassung

Das Polaritätsgesetz stellt die Grundlage dar, auf der alle anderen Gesetze aufgebaut sind.

Der Geist ist also in unserer Wahrnehmung das Gegenteil der Liebe bis hin zu ihrem materiellen Ausdruck. Das, was wir schaffen, ist von unserer Liebesfähigkeit bestimmt. Je mehr wir uns selbst lieben, desto schöner ist unser Leben. Unser Bewußtsein ist der Stoff aus dem die Träume sind. Unser wichtigstes Gut ist daher die Phantasie, und sie wird von der Liebe, der Aufmerksamkeit für uns selbst, bestimmt sein. Was wir uns nicht auszudenken vermögen, wird nie sein. Wir alle sind deshalb die Baumeister unserer Welt.

Dies sollten wir bedenken, wenn wir in einer harmonischen Umgebung unser Idealhaus bauen möchten. Es wird sich in dem Maße verwirklichen lassen, inwieweit wir unser Lebensthema bereits „erlöst" haben. Wir müssen in eine solche Situation sozusagen hineinwachsen. Wenn wir es bereits gänzlich erlöst hätten, wären wir nicht mehr hier. Dann hätten wir uns längst in höhere Dimensionen verabschiedet.

Der Weg ist das Ziel, und den gilt es anzunehmen. Dann steht es uns frei, ihn uns so schön wie möglich „auszumalen". Was immer uns geschieht, je erfreulicher die Bilder (trotzdem) sind, desto weniger müssen wir leiden. Spätestens dann, wenn wir unsere Leidensgrenze erreicht haben, fallen uns schönere Bilder ein, denn wenn wir wollten, könnten wir uns auch freuen.

Das Schrank-Beispiel zeigt, daß wir, wie vorhin beschrieben, ein Ungleichgewicht ganz einfach ausgleichen können **(Polaritätsgesetz)**.

Wir setzen damit eine neue Ursache und erfahren dann deren positive Wirkung **(Kausalitätsgesetz)**.

Diese wirkt auf alle Ebenen, also auch auf unser Gemüt und unsere Gedanken **(Analogiegesetz)**.

Die veränderte Schwingung sucht ihresgleichen, und so wird dieser Zustand verstärkt **(Resonanzgesetz)**.

Wenn wir wissen, warum wir das gemacht haben, kommt die Erkenntnis über den eigenen, unbewußten Inhalt hoch und kann entlassen werden. Ein Leidenszustand wurde damit „erlöst", das heißt auf eine höhere, weil freudigere Ebene transformiert (Karmagesetz). Das ist dann spirituelles Feng-Shui.

Veränderung ist mehr als unvermeidlich,
sie ist zwingend.

(Zitat)

3. Grundstrukturen

Muster sind Vorlagen bestimmter Strukturen, die eine bestimmte Gesetzmäßigkeit darstellen und in bestimmten Zyklen ablaufen. Sie breiten sich wie ein Mantel über unsere unbewußten, chaotischen Bewußtseinsformen, um sie zu ordnen. Disharmonien, all das, was wir schmerzhaft erfahren, sind ein Defizit an Wissen und Liebe, der Wahrnehmung dieser Ordnung.

3.1 Die 5-Elemente-Lehre des Feng-Shui und ihre Bedeutung

Die 5-Elementen-Lehre stellt den Ablauf einer solchen Gesetzmäßigkeit dar und wird im Feng-Shui zum Erkennen von harmonischen Formationen in der Landschaft verwendet und in der Architektur und Raumgestaltung zum Ausgleichen von Disharmonien und zur Anpassung an die natürlichen Gegebenheiten eingesetzt.

Es sind dies: Holz, Feuer, Erde, Metall, Wasser. Sie werden wie folgt geometrisch dargestellt:

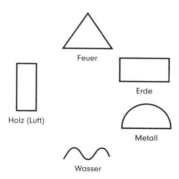

Entgegen der uns geläufigen vier Elemente Feuer, Erde, Wasser, Luft beinhaltet die östliche Elementenlehre fünf Elemente.

Das menschliche Ich findet sich im Element Erde. Das Element Holz entspricht dem der Luft. Das Element Metall, das Steine und Mineralien miteinbezieht, steht für die Kreativität, die Idee als Information und das Schöpferische. In den Steinen und Mineralien sind Urinformationen gespeichert, die über das Wasser an alles Lebende weitergetragen werden. Ohne Wasser ist ein Leben auf der Erde nicht möglich, bestehen wir ja selbst, wie auch die Erdoberfläche, etwas mehr als zwei Drittel aus Wasser. Metall ist also das Element der Information. Es ist das Schöpferische, welches als das fünfte Element bezeichnet wird, als das Etwas, das die anderen vier Elemente zu ihrem vielfältigen Ausdruck bringt.

In China heißt es, wenn schmutziges Wasser (getrübtes Gemüt) über sieben Steine fließt, wird es wieder sauber. Mit den sieben Steinen sind die in ihnen gespeicherten Einstrahlungen der sieben Hauptplaneten auf die Erde gemeint. Ihren Urinformationen verdanken wir, daß wir immer wieder regenerieren. Wir nehmen diese Informationen über das Wasser selbst, die Nahrung (Pflanzen), als auch über den Atem (Luft) auf.

Die Erde, das Grobstoffliche verschmutzt das Wasser, wie der Mensch mit seinem Denken die feinstoffliche Struktur der kosmischen Ordnung beeinträchtigt. Wenn das Wasser aus der Erde kommt, ist es angereichert mit kosmischen Informationen, die uns helfen, unser verwirrtes Denken in Ordnung zu bringen. Die Erde mit ihren Metallen und Mineralien steht in energetischer Verbindung mit ihren Geschwistern, den anderen Planeten. Wir ordnen demgemäß den Planeten auch die bestimmten Steine zu.

Der Mensch ist vom Wasser abhängig. Wasser ist der beste Informationsträger. Die Homöopathie nutzt diese Tatsache. Wir können leicht selbst feststellen, wie belebend und wohltuend frisches, sauberes, lebendiges Quellwasser ist. Ebenso kennen wir die Heilwirkung der Steine.

Die Verbindung zum Göttlichen ist in der östlichen Elementenlehre enthalten, wogegen sie in der westlichen fehlt.

Hier wird deutlich der Unterschied zwischen der westlichen intellektuellen Denkweise mit den vier Elementen und der östlichen spirituellen Denkweise mit den fünf Elementen sichtbar.

Feuer und Wasser werden als reinigende Elemente bezeichnet, die sich als Gegensätze unverträglich gegenüberstehen, wenn keine Verbindung dazwischen ist. Ebenso verhält es sich mit den Elementen Holz und Metall, wobei das Wasser dem Feuer überlegen ist und das Metall dem Holz. Die Gegensätze müssen über unser Bewußtsein verbunden werden.

Das Feuer stellt irdische Informationen dar, während das Wasser außerirdische Informationen enthält, welche einem höheren Bewußtsein entstammen, was uns leider nicht bewußt ist. Deshalb steht das Wasser gleichzeitig für das menschliche Unbewußtsein und es wird ihm daher die Farbe Schwarz zugeordnet, die grundsätzlich für „unten" steht, entgegen dem Weiß, das oben ist.

3.2 Die Zuordnung der fünf Elemente:

a) Zuordnung in der Landschaft:
Holz: Bäume, Wald
Feuer: Gebirge
Erde: Flachland
Metall: Kuppelartige Erdhebung wie z.B. Vulkane
Wasser: Hügellandschaft

b) Zuordnung in den Baulichkeiten:
Holz: Hochhaus, Säulen, Türme
Feuer: spitze Formen, z.B. Kirche oder Haus mit steilem Satteldach
Erde: Haus mit Flachdach, z.B. Bungalow
Metall: Kuppelbauten
Wasser: unregelmäßige Form, z.B. mehrere verschieden hohe Gebäude, die in einem Gebäudekomplex zusammengefaßt sind

c) Zuordnung als Material:
Holz: Holz, Faserige Naturstoffe
Feuer: Kunststoffe
Erde: Lehm, Ziegel
Metall: Metall, Stein
Wasser: Glas

Um einen konstruktiven Zyklus darzustellen, sollte man immer mindestens drei aufeinanderfolgende Elemente verwenden, bzw. berücksichtigen.

Wenn z.B. die Gegend, in der man baut, dem Erdelement zugehörig ist, also Flachland, wäre das darauffolgende Element Metall, also ein Gebäude mit Kuppeldach, und als nächstes müßte man noch das Element Wasser einbringen. Dies kann geschehen mit einem Baumaterial, das unregelmäßige Formen aufweist, mit Glas (Fenster) oder mit Farbe. Dadurch wird gewährleistet, daß die Menschen die darin wohnen von der Basis her Unterstützung finden, was Gesundheit und Reichtum fördert. Wir finden solche Bauweisen z.B. in den alten Kaufmannshäusern in Hamburg, Bremen, usw.

Maßgeblicher ist immer die Form und erst in zweiter Linie das Material.

d) Die Zuordnung im seelisch-geistigen Bereich

Holz:	Erwachen, Ausatmen, Wachsen, Frühling, Farbe Grün/Blau, Osten, Luft (Sauerstoff), Pflanzen
Feuer:	Kraft, Wärme, Gedeihen, Sommer, Aktivität, Farbe Rot/Orange, Kunststoff, Süden
Erde:	Materie, Mensch, Bezogenheit, Farbe Gelb/Gold, Stein, Ziegel, Lehm, Zentrum
Metall:	Einatmen, Schaffen, Einholen, Herbst, Farbe Weiß/Silber, glänzend, Westen
Wasser:	Stille, Schlafen, Winter, Tiefe, Farbe Schwarz/Blau, Glas, Norden

Wir ersehen hieraus auch die Qualitäten der Himmelsrichtungen:

Norden	=	Stille, Ruhe, Vertrauen
Süden	=	Begeisterung, Bewegung, Kommunikation
Osten	=	Ursache, Anfang, Entwicklung
Westen	=	Wirkung, Fülle, Auslese

Norden und Süden, also Wasser und Feuer sind Yin und Yang.
Osten und Westen, also Holz und Metall sind Yin und Yang.
Die Erde in diesem Zusammenhang Yin.

Es ergibt sich daraus ein Ungleichgewicht der Kräfte, was einerseits der dynamischen Daseinsform entspricht, andererseits wieder zeigt, daß der nicht-sichtbare (Yin) Geist in der „Über"-macht ist.

Man könnte das aber auch so formulieren: Die Erde ist Yang, wenn man sie analog als die Welt der Menschheit betrachtet, die aktiv mit den Elementen Wasser, Holz, Feuer und Metall umgeht. Dies entspricht unserem Verstand im Sinne von rationalem Denken bzw. unserer sichtbaren Entwicklung und die ist Yang. So ist dann dieses als Yang auf unserer Realitätsebene in der Übermacht.

Genauso ist es mit der Sichtweise der Qualitäten der Himmelsrichtungen. Global gesehen liegt für die Chinesen das Land der Weisheit und das Dach der Welt (Indien, Tibet, Nepal) im Westen, für uns im Osten. Für sie liegt Amerika im Osten, während für die Amerikaner China im Westen liegt und Europa im Osten. Ähnlich verhält es sich mit den Qualitäten von Nord und Süd. Für die Menschen in Südafrika oder Australien liegt z.B. unsere Sichtweise des Nordens im Süden.

Regional betrachtet, wird man jedoch immer feststellen, daß der Norden einer Gegend eher passiv und ruhig ist (Yin) und der Süden aktiv und laut (Yang), daß der Osten die Qualität des Anfangs, der Familie (starkes Gruppenbewußtsein – Kollektiv), des Impulses und Geistes innehat (Yin) und der Westen das Individuelle, Kreative, Materielle und Fülle (Yang).

Die einen entwickeln sich, indem sie nach innen gehen, die anderen indem sie nach außen gehen. Auch dieses Wechselspiel von Yin und Yang bedingt und kreiert einander, und es wird erst dann harmonischer für alle, wenn die einen nicht nur nach innen gehen und die anderen nicht nur nach außen. Spiritualität muß gelebt werden.

Daraus ersehen wir, wie sehr Yin- und Yangqualitäten einerseits vom Standort, d.h. von der Sichtweise abhängig sind, also vom subjektiven Erleben, und andererseits eine übergeordnete objektive Qualität haben.

3.3 Der Zyklus der fünf Elemente:

Im konstruktiven Zyklus nährt ein Element das andere. Er steht für die Erkenntnis der freien Entscheidung, dem Leben (der Entwicklung) zu dienen. Im destruktiven Zyklus wirken die Elemente zerstörerisch aufeinander ein. Dieser Zyklus steht für die Kontrolle und Unterwerfung.

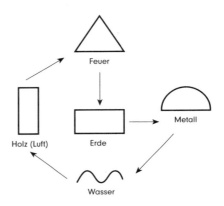

Konstruktiver Zyklus:
Holz nährt das Feuer – Feuer
verbrennt es zu sauberer Erde –
Erde birgt das Metall –
Metall bereichert das Wasser –
Wasser nährt das Holz.

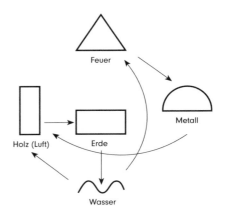

Destruktiver Zyklus:
Holz verfault zu Erde –
Erde verschmutzt das Wasser –
Wasser löscht das Feuer –
Feuer schmilzt Metall –
Metall zerschneidet Holz.

3.4 Zusammenfassung und spirituelle Deutung

Die 5 Elemente werden nicht nur als Materie verstanden, sondern ziehen sich als energetische Grundstruktur durch alle Ebenen des Seins.

Zum Beispiel:

Erde	Metall	Wasser	Holz	Feuer
Polar	Kausal	Analog	Resonanz	Karma
Körper	Information	Bewußwerdung	Wachstum	Auflösung
1 + 4	3 + 6	5 + 2	7 + 8	9
+ −	+ −	+ −	+ −	+

Die Eins ist die der Materie (Vier) zugrunde liegende Idee und ist daher in ihr enthalten. Die Eins stellt den geistigen Anfang dar, die Vier den körperlichen. Die Drei steht für die geistige, die Sechs für die körperliche Verbindung. Die Fünf für das geistige Erkennen und die Zwei für das körperliche. Die Sieben für geistiges Wachstum, die Acht für materielles Wachstum. Die Neun für die Auflösung, die in die Zehn, dem neuen Anfang auf höherer Ebene, mündet.

In der mystischen Zahlenlehre steht die Fünf für den Menschen und sein individuelles Bewußtsein. Mit fünf beginnt seine Bewußtseinsreise.

In der östlichen Tradition lüftet die Fünf das Geheimnisvolle, das hinter der Materie steht. Sie steht im Christentum als Symbol für Jesus, der der Menschheit den Weg zu Gott gezeigt hat. Als Pentagramm, dem fünfzackigen Stern, symbolisiert sie den göttlichen Aspekt im Menschen, der mit beiden Beinen (materiellen+geistigen) in der Realität steht. Wenn das Pentagramm jedoch „auf dem Kopf steht" und zwei Zacken nach oben zeigen, symbolisiert es das Unwissende, Vernichtende. Die Fünf läßt dem Menschen die Wahl, zeigt ihm aber den Weg zu sich selbst. Gehen wir weg von uns, werden wir fremdbestimmt und leiden, gehen wir in uns, zum göttlichen Kern, erleben wir Freude und Freiheit.

Sind wir nicht oft „außer uns" vor Wut oder friedvoll „in uns" gekehrt?

3.5 Dynamische Energiemuster

Unter dynamisch verstehen wir eine kraftvolle Bewegung. Solche Bewegungen treiben ein Geschehen voran, während die stillen Energiemuster einen Ausgleich als solchen in sich darstellen.

So wie die Fünf das erkennende Prinzip beschreibt, erzählen uns auch die anderen Zahlen Geheimnisse gesetzmäßiger Abläufe der vorgegebenen Entwicklung.

Die bedeutsamsten für das spirituelle Feng-Shui, weil dynamisch, sind neben der Fünf die Drei als das Prinzip des verbindenden Geistes, die Sieben als das Prinzip des Wandels und die Neun als das Prinzip des Auflösens.

Die Drei (die Verbindende)

Unsere Entwicklung basiert auf dem geistigen Grundgesetz der Drei: Annehmen-Erkennen-Loslassen, welches wir auf verschiedenste Weise erfahren. Zum Beispiel dem Tageszyklus Morgen-Mittag-Abend, dem Lebenszyklus Geburt-Leben-Tod, dem Zeitzyklus Vergangenheit-Gegenwart-Zukunft, dem Entwicklungszyklus Dürfen-Können-Müssen.

„Dem Regen folgt Sonne, dem Tag folgt die Nacht, alles was dazwischen liegt, ist das, was das Leben ausmacht", sagt eine Volksweisheit. Wir haben drei Möglichkeiten zu erfahren was das Leben ausmacht: Das Dürfen betrifft die geistige (mentale) Ebene, das Können die seelische (psychische) Ebene, das Müssen die körperliche (somatische) Ebene. Jede der drei Ebenen kann den Impuls für eine Bewußtseinsveränderung geben, die Auswirkung erfolgt auf allen Ebenen.

Unsere Erfahrungswelt ist also grundsätzlich einmal dreidimensional:

Breite, Höhe und Tiefe
Raum, Zeit und Materie
Vergangenheit, Gegenwart und Zukunft
Körper, Seele und Geist
fest, flüssig und gasförmig
rot, gelb und blau
Menschen, Tiere und Pflanzen

Vater, Mutter und Kind
These, Antithese und Synthese
Morgen, Mittag und Abend
Geburt, Leben und Tod
ich, du und wir
Sonne, Erde und Mond
Glaube, Hoffnung und Liebe
wie, was und wann
woher, warum und wohin
etc.

Denken Sie an das Polaritätsgesetzt, wo wir festgestellt haben, daß man „darüber" stehen muß, um beide Pole gleichzeitig wahrzunehmen und miteinander zu verbinden. Die Drei steht für das höhere Geistige Prinzip und hat verbindenden Charakter: Woher – Warum – Wohin, das sind die Worte, die uns weiterbringen.

Alle Religionen basieren auf der Trinität, wie zum Beispiel die uns allen bekannte Dreieinigkeit im Christentum.

Die Verbindung 3 – 6 – 9 ist wiederum ein Energiemuster für sich und wird als dynamische Kraftlinie bezeichnet. Nicht umsonst wird gutes Gelingen mit der Zahl 3 verbunden. Wir fangen etwas gut an, indem wir bis drei zählen. Und wer nicht bis drei zählen kann, gilt als dumm.

Im spirituellen Feng-Shui ist das „Annehmen – Erkennen – Loslassen" ein wichtiger erster Schritt, der positive Veränderung erst möglich macht.

Wir wissen nicht, woher wir kommen. Unser Verstand kann das nicht fassen.

Wir wissen nicht, wohin wir gehen. Unsere Phantasie kann es sich nicht ausmalen.

Aber wir sollten erkennen, warum wir etwas tun. Dabei sind wir bereits bei der dringlichen dritten Stufe, dem Müssen angelangt. Unser aller Thema heißt, die Verantwortung für uns selbst, und für das was wir schaffen, zu übernehmen.

Die Sieben (die Verwandelnde)

Wenn die Fünf uns darauf aufmerksam macht, daß der Geist über die Materie herrscht, weil er vor ihr da war, so geht es bei der Sieben um die Erfahrung (im Sinne von erleben) dessen. Sie ist die Zahl des „Auf-dem-Weg-seins", eine Periode, die eine Veränderung, Wachstum und Ausweitung bringt. Sie macht uns klar, daß Entwicklung schrittweise geschieht und daß eines dem anderen folgt, weil es eigentlich ohnehin schon da ist. Sie zeigt uns, daß Bewußtseinsentwicklung ein in sich abgeschlossener Prozeß in einem bestimmten Zeitraum (Weg) ist.

Die Sieben ist die Gratwanderung unseres Bewußtsein, ein Balanceakt zwischen der Ausgeglichenheit der Sechs und der Acht. Indem wir die Umwandlung von Denken und Fühlen in einem Geschehen erleben, wird uns die Qualität des Denkens und Fühlens bewußt, worauf wir diese korrigieren können. Von daher beinhaltet sie bereits das Ungleichgewicht (Disharmonie), in der die Aufforderung liegt, dieses zu meistern. Dazu müssen wir die Disharmonie als das „Auf-dem-Weg-sein" als naturgegeben akzeptieren, ohne uns von ihr zerstören zu lassen. Dann werden wir die Disharmonie besiegen und weiterziehen. Sie bietet uns immer wieder die Chance und bringt uns daher enorm weiter, wenn wir ihre Herausforderung annehmen.

Körperlich wird die Zahl Sieben dem Kehlkopfzentrum, welches am 7. Halswirbel sitzt, zugeordnet und symbolisiert somit auch das Wort, etwas Verkünden, das Verbreiten einer Botschaft. Ihr Verb ist: Ich kann.

Ihr Zyklus ist uns vor allem bekannt von der Woche mit ihren 7 Tagen, dem Regenbogenspektrum mit seinen 7 Farben, der Oktave mit den 7 Grundtönen, dem Reigen der 7 Hauptplaneten, etc. Die 7 fetten und 7 mageren Jahre zeugen davon, daß wir mal so, mal so auf dem Weg sind und nur durch Erfahrung klug werden. Im Tarot wird die Sieben mit dem Wagen dargestellt, der Vergangenes mit Erkenntnis verbindet, hinter sich läßt und siegreich weiterzieht.

Die Zahl Sieben symbolisiert auch, daß alles „seine" Zeit braucht. Veränderte Schwingung in unserem äußeren Umfeld braucht auch „seinen Weg und seine Zeit" bis sie an unsere innere Schwingung herankommt und diese verändert. Die Sieben symbolisiert damit z.B. auch Selbstvertrauen, Geduld und das Geschehen-lassen.

Die Neun (die Erlösende)

Beim Kegeln versuchen wir alle Neune zu treffen, und es gilt als besonderes Glück, wenn es gelingt, mit nur einem Wurf die ganze Sache zu erledigen (aufzulösen). Bleiben nach dem ersten Versuch, dem zweiten, dritten, etc. noch Kegeln stehen, zeigt uns das, worauf wir beim nächsten Mal zielen müssen. Im Leben sind das unsere Themen.

Die Drei steht für den Geist, der die Entwicklung bereits beinhaltet, aber noch nicht die Entwicklung selbst ist. Die Auflösung der endlosen Schlinge der Lemniskate (8) geschieht erst mit der Neun. Diese weist uns darauf hin, daß Materie auch wieder auflösbar, also vergänglich ist, der Geist nicht. Er produziert (existiert) weiter auf einer höheren Ebene.

Sagt die Sieben, der Mensch kann zum Ausgleich kommen, was die Acht dann auch zeigt, hebt die Neun diesen Ausgleich wieder auf und führt zum Neubeginn auf der nächsten Ebene, der Zehn. Auf diese Art und Weise steigen wir immer höher. Das Wieder-Auflösen des Gleichgewichtes liegt in der Natur der Sache und führt schlußendlich zur Erlösung.

Die Neun ist daher die Zahl der Initiation und der Neutralität. Das wissend-liebende Dritten Auge Gottes im Dreieck. Mit der Neun stehen wir 3 hoch 3 über den Dingen. Wir können die Polarität gelassen mit großem Abstand betrachten. Ein Zyklus ist damit beendet worden. Die dynamische Kraft der Neun entstand aus der Ausgewogenheit von Geist und Materie. Voll Energie führt sie uns in das nächste Abenteuer.

Sie zeigt, daß das Leben kein willkürliches, sinnloses Dasein ist, sondern eine auf Erfüllung ausgerichtete Bewußtseinsreise. Dabei zeigt alles, was uns begegnet, wie ein Wegweiser in eine bestimmte Richtung.

Die Neun, als Licht-Ritual, wird beim Feng-Shui zum Clearing und zur Erhöhung von Schwingung verwendet.

Teil 2

Glaube nicht, was die anderen sagen,
aber höre es Dir an!

(Zitat)

4. Das Oktagramm des I GING

Im I Ging, dem große Buch der Wandlungen, ist die Vielzahl der Kombinationen, die sich aus dem Wechselspiel von Yin und Yang im Sinne unserer Entwicklung ergeben, strukturiert in Wort und Bild dargestellt. Es ist eine geniale philosophische Repräsentation aller grundlegenden Zustände im Kosmos und auf der Erde. Diese Darstellung basiert auf den Grundprinzipien der Welt der Polarität: Himmel und Erde, Geist und Materie, und ist eine vollkommen geschlossene Weltanschauung.

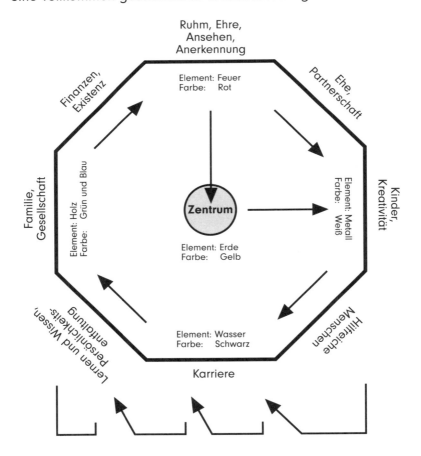

Die acht Trigramme stellen in der Verdoppelung die Mächte des Himmels (Geistes) und die der Erde (dessen Ausdruck) dar und ergeben 64 Zeichen. Ihre Konfiguration ist einerseits statisch, andererseits beweglich, woraus sich die objektive, als auch eine subjektive Interpretation ergibt.

Im Feng-Shui sind die acht Urkräfte oder Lebensqualitäten entsprechend ihrer energetischen Kräfte den acht Lebensbereichen zugeordnet und werden bei einer Analyse der Untersuchung der Arbeits-, Wohn- und Lebenssituation zugrunde gelegt.

Im Uhrzeigersinn sind das die Bereiche: Karriere, Lernen, Familie, Reichtum, Ansehen, Ehe, Kinder und hilfreiche Menschen. Das Zentrum, das eigene Selbstverständnis, befindet sich in der Mitte des Achtecks.

Für das tiefere Verständnis der Wandelbarkeit unserer Bewußtseinszustände und steten Veränderungen in unserem Leben ist es bestimmt sehr hilfreich, sich ausführlicher mit dem I Ging zu beschäftigen. Es gibt ausgezeichnete Übersetzungen von Richard Wilhelm, erschienen im Eugen Diederichs Verlag.

4.1 Die Arbeitstechniken mit dem Oktagramm

Das Oktagramm wird wie ein Raster auf die zu analysierende Fläche (z.B. Grundstück, Grundriß des Hauses, der Wohnung, eines Raumes, etc.) aufgelegt und paßt sich dieser Fläche an. Zur Orientierung dient der Zugang bzw. die Haupteingangstür.

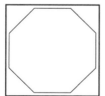 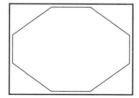

Nachdem Materie als Rechteck in ausgeglichener Form dargestellt wird, gilt es als Unausgewogenheit, wenn der dem Oktogon zugrunde liegender Fläche ein Stück fehlt. Hingegen gilt es als Verstärkung, wenn ein Stück darüber hinausragt. Jedoch darf dies nicht so viel sein, daß dadurch ein Ungleichgewicht entsteht. Eine ausführliche Interpretation hierfür finden Sie im fünften Kapitel.

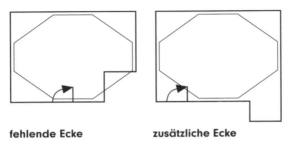

fehlende Ecke   **zusätzliche Ecke**

Zur Beurteilung, ob ein darüber hinausragender Teil ein Übergewicht darstellt oder eine Verstärkung ist, dient folgender Merksatz:

„Wenn der darüber hinausragende Teil kleiner ist als die Hälfte der Gesamtlinie (senkrecht und horizontal), gilt er als Verstärkung, es sei denn, die Eingangstür befindet sich in diesem darüber hinausragenden Teil."

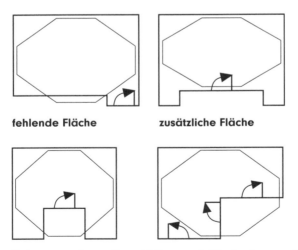

fehlende Fläche   **zusätzliche Fläche**

Bei ausgeprägten U- und L-Formen fehlt also immer ein Teil

Das Oktagramm wird zur Deutung so angelegt, daß der Teilstrich „Karriere" parallel zu der Linie zu liegen kommt, auf der sich die Eingangstür befindet. Bei Treppen in ein Obergeschoß gilt der letzte Treppenabsatz als Linie.

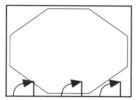

Eingang liegt im Bereich „Lernen", „Karriere" oder „Hilfreiche Menschen"

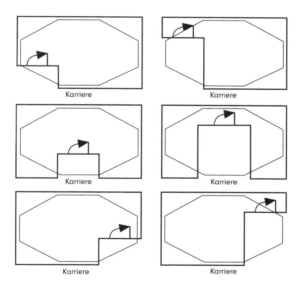

Eingang liegt im Bereich „Familie", „Reichtum", „Zentrum", „Erfolg", „Kinder" oder „Ehe"

Die Bereiche können sich im Obergeschoß oder Keller verschieben. Liegt z.B. im Erdgeschoß die Küche im Bereich „Hilfreiche Menschen", könnte das Schlafzimmer darüber im Bereich

„Ehe" liegen. Wenn Sie das Oktagramm auf einzelne Räume aufle-
gen, können Sie damit bezüglich eines Bereiches ins Detail gehen.

Bei Türen auf der schrägen Linie über Eck ist der Energiefluß
maßgeblich. Öffnet sich die Tür nach links (A) dann liegt sie im Bereich „Lernen", öffnet sie sich nach rechts (B), dann liegt sie im Bereich „Hilfreiche Menschen".

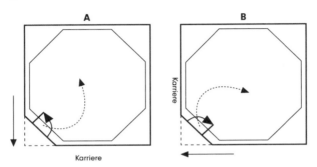

Auf einer langen schrägen Linie spielt die Fließrichtung keine
Rolle bei der Zuordnung. Ergänzen Sie den fehlenden Bereich im
Gedanken oder mit einer strichlierten Linie zu einer ausgegliche-
nen Form, um den fehlenden Bereich festzustellen. Dann sehen
Sie auch genau, wo die Tür nun zu liegen kommt. Bei folgendem
Beispiel in der Mitte, dem Zentrum.

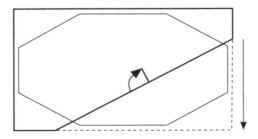

4.2 Beschreibung der neun Bereiche

Die Bezeichnung der neun Bereiche entspricht der Alltagsrealität, dem „normalen" Leben: Unserer beruflichen Karriere, dem Lernen, der Familie, dem Geld, dem Erfolg, der Ehe, den Kindern und Freunden. Es sind dies die Themen, die unser Leben ausmachen. Darüber hinaus gibt es aber noch tiefer gehende Deutungen:

Karriere	=	Lebensweg, Thema, Vision
Lernen	=	Erfahrung, Wissen, Lehren, Persönlichkeitsentwicklung
Familie/Menschheit	=	Gruppe, Gemeinschaft, Gesellschaft,
Reichtum	=	Materie, Existentielles, Ratio und Instinkt
Erfolg	=	Ansehen, der eigene Ausdruck, Feedback
Ehe	=	Partnerschaft, Zweierbeziehung, Intuition und Gefühl
Kinder	=	Ideen, Impuls, Phantasie, Kreativität
Hilfreiche Menschen	=	Nehmen-Geben, Austausch, Kommunikation, Information
Zentrum	=	Selbstverständnis und Selbstliebe, Selbstwahrnehmung

Die neun Bereiche stellen unsere Entwicklung in verschiedenen Erlebensformen dar, die mit der Art der Räumlichkeiten korrespondieren. Eine feste Zuordnung, wo welcher Raum „idealerweise" liegen sollte, ist nur in Bezug auf einen bestimmten Zweck oder ein Ziel möglich. Selbst dann ist es noch fraglich, ob wir auch die Resonanz dazu haben, nämlich das Bewußtsein für diesen „Idealzustand". Es gibt keine Garantie für einen glücklichen Zustand, welcher Art auch immer. Diesen müssen wir selbst herstellen bzw. bewirken. Wir werden im Sinne des Resonanzgesetzes immer genau das vorfinden, was unserem „individuellen Zustand" entspricht. Und wenn uns etwas nicht gefällt, steht es uns frei, es uns gefälliger zu machen.

Das Wohnzimmer repräsentiert unser bewußtes „äußeres Zusammenleben" mit anderen Menschen, das Schlafzimmer das „innere" und zugleich unbewußte Zusammensein mit einem Menschen. Von daher kann man schon sagen, daß das Wohnzimmer in den Bereichen „Familie", „Reichtum" und „Erfolg" ganz günstig liegt und das Schlafzimmer im Bereich „Ehe" oder die Küche und das Essen in den Bereichen „Familie" und „Reichtum". Aber ob der einzelne diese Themen dann auch wirklich als glückvoll erlebt, bleibt dahingestellt.

Die Räume in einer Wohnung

Vorzimmer	=	Einlaß, Erkennen, Selektieren
Küche	=	Transformation, Kreativität, Entwicklung
Eßzimmer	=	Versorgung (Aufnahme und Weiterverarbeitung)
Wohnzimmer	=	bewußte materielle Realität, Geselligkeit
Arbeitszimmer	=	Ausdruck des Wissens und der Persönlichkeit
Schlafzimmer	=	unbewußte Realität, Seele-Geist
Kinderzimmer	=	Impuls, Inspiration, Ideen, Phantasie
Gästezimmer	=	Austausch, Information, Freundschaft und Hilfe
Abstellraum	=	Verhaltensweisen und Denkmuster, deren wir uns immer wieder bedienen, die wir ständig wiederholen
Flur	=	Verbindung der einzelnen Themen

Es ist mehr eine Frage unseres persönlichen Themas, unseres Bewußtseinszustandes und der Zeit, wo sich die einzelnen Räume befinden. Das Leben ist fließend, ständig in Veränderung begriffen, und daher muß auch das Wohnen flexibel sein. Unsere Wohnungen müßten eigentlich so konzipiert sein, daß wir problemlos die Räume verlegen könnten, damit sie unsere Entwicklung nicht bremsen und wir allein schon deswegen umziehen müssen. Haben Sie z.B. das Schlafzimmer „idealerweise" im Partnerschaftsbereich, heißt das noch lange nicht, daß sie eine glückliche Ehe führen. Es könnte auch sein, daß Sie gerade die

Erfahrung machen, daß ein Partner um jeden Preis auch keine Lösung ist.

Die Themen und Räume sind miteinander verwoben und ergeben als Ganzes eine Konstellation, in der die Situierung der einzelnen Räume nur in Verbindung zum Gesamtmuster ihre wirkliche Bedeutung preisgeben.

Nur um ein einziges Lebensprinzip umfassend zu erfahren, wandern wir mit ihm durch alle neun Bereiche. Manche Lebensthemen sind akut, andere gerade sekundär. Das Zentrum z.B. würde einerseits einem Meditationsplatz entsprechen, andererseits Bad/WC. Das „Zentrum" ist wie eine Drehscheibe, von der aus wir unsere Geschicke betrachten und miteinander verbinden, um uns darin selbst zu finden. Das kann überall sein. Es ist ein Platz des Rückzugs, der Selbstwahrnehmung und Erkenntnis (der Meditation), der eben auch mit Reinigung und Loslassen zu tun hat.

Man zog sich dafür früher außerhalb des „Alltäglichen" zurück und ging außer Haus. Man hat dabei die körperliche Form von der geistigen bewußt getrennt. Man ging also zum Meditieren an einen bestimmten Platz und ebenso für die Verrichtung auf der körperlichen Ebene. Alle frühen Hochkulturen, auch die Naturvölker handhaben das so. Auch bei uns hatte man bis zum Anfang dieses Jahrhunderts einerseits die Kirchen zum Beten und Beichten und andererseits das Bad (Badhaus) und die Toilette an einem dafür bestimmten Ort außerhalb der Wohnung. Bad/WC haben wir uns hereingeholt, weil wir das funktioneller, weil praktischer finden, nicht aber den Raum zum Meditieren. Sehr oft wird das „stille Örtchen" daher zum Rückzug genutzt, wenn sonst kein Platz dafür in der Wohnung zu finden ist.

Ebenso wie wir Bad/WC in die Wohnung integriert haben, finden wir aber auch meistens in irgendeinem Raum das Plätzchen, wo wir uns am wohlsten fühlen und entspannen können. Wie auch immer, in unserer Kultur wird damit die Meditation in den Alltag einbezogen, das heißt, unser aller Thema ist, sie zu l e b e n !

Außerdem ist es so, daß wir heute schneller durch das Leben gehen und meistens mehrere Themen zu „erledigen" haben. Von daher kommt der häufigere Wohnungs- und auch Partnerwechsel. Die Situierung der einzelnen Räume in bestimmten Bereichen und damit die zu erfahrende Konstellation muß nicht für das ganze Leben bleibend sein, sondern kann nur für einen bestimmten Zeitraum gelten. Bei jeder Wohnungsveränderung ändern sich analog dazu die Themen oder deren Konfiguration. Haben Sie z.B. das Schlafzimmer jetzt im „Reichtum", haben Sie es beim nächsten Mal vielleicht in der „Ehe", und das zeigt, daß Sie bei der Bewältigung der Beziehungsfähigkeit eine neue, andere Seite kennenlernen. Es kann aber auch sein, daß Sie das Schlafzimmer wieder im „Reichtum" haben und sich dieses Thema bei Ihnen noch nicht erschöpft hat.

4.3 Bedeutung der Eingangstür in den neun Bereichen

D i e E i n g a n g s t ü r hat eine bestimmte Gewichtigkeit in der Aussage, da sie der Zugang zu uns(erem Heim) ist. Sie gibt Auskunft über unser grundsätzliches Thema. Unter Thema ist der Lernprozeß gemeint, von dem die (momentane) Lebenssituation geprägt ist und von dem sie bestimmt wird. Liegt die Tür in einem Zwischenbereich, kommen beide Deutungen in Verbindung zur Anwendung.

Eingangstür im Bereich:
Karriere: Thema ist den eigenen Weg zu gehen, zu wissen was man will, selbständig und selbstverantwortlich.
Lernen: Thema ist das Lernen/Lehren, die Lebenssituation ist vom Wissen, der eigenen Persönlichkeit und Erfahrung und der Kreativität (Umsetzung und Verwertung von Ideen) geprägt.
Familie: Thema ist das sich Einbringen in die Familie, eine Gruppe, Gemeinschaft und Gesellschaft, bis zur Menschheit im weitesten Sinn.
Reichtum: Thema ist die Erfahrung der Polarität als Gleichwertigkeit und „Realität" auf der materiellen-körperlichen Ebene, (arm-reich, Mann-Frau, etc.), rationales Denken (Intellekt) und Instinkt, Selbstwerterfahrung.

Erfolg: Thema ist der Ausdruck der Persönlichkeit, des Wissens und der Erfahrungen (Ansehen und Ruhm), die Wirkung nach außen, „wie werde ich gesehen – will ich gesehen werden", das Feedback als Erfahrung seiner selbst.

Ehe: Thema ist die Erfahrung der Polarität als Ergänzung und „Auflösung" auf der seelisch-geistigen Ebene, (Partnerschaft von Yin-Yang, Kooperation), analoges Denken (Intuition) und Gefühl, Selbstliebe.

Kinder: Thema sind die Kinder (auch erwachsene) als solche, aber auch die eigene Kindheit, das Kindsein, sowie Ideen haben (geistige Kinder) und Phantasie.

Hilfreiche Menschen: Thema ist der Austausch von Information, Kommunikation, die Erfahrung, daß Nehmen und Geben Eins ist. Die Erkenntnis, daß jeder Austausch mit anderen Menschen eine Chance zur Bewußtseinserweiterung und Weiterentwicklung und daher förderlich ist, und daß wir deshalb einander helfen sollten.

Zentrum: Thema ist bei „sich" zu sein, auf den Punkt kommen, die Selbstwahrnehmung als Individuum.

4.4 Bedeutung der Räumlichkeiten in den neun Bereichen

Unsere Wohnungen sind in bestimmte Räumlichkeiten eingeteilt, die mit dem vorhin genannten Lernthemen im Kontext stehen.

In der Weise, wie wir tatsächlich ein beschriebenes Thema leben, zeigt uns die individuelle Art an dieses Thema heranzugehen, um ein bestimmtes Lebensprinzip zu erfahren.

D a s   V o r z i m m e r ist der Raum, der erst einmal das ins Leben Tretende aufnimmt. Er gibt uns die Möglichkeit, im Vorfeld zu selektieren, was davon wir näher an uns herankommen lassen. Seine Größe zeigt uns, wie offen wir sind und wieviel aufeinmal ins Leben kommen kann, und zwar hauptsächlich bezüglich der Bereiche, in dem es sich befindet und mündet. Wenn es zum Beispiel sehr eng und klein ist im Verhältnis zur Gesamtwohnfläche, dann wirkt es wie ein schmaler Flaschenhals, durch den es nur tröpfelt (einer oder eines nach dem anderen), und ist es zu groß, wirkt es wie eine Schale, die zum Überfließen neigt, und wir können so viel kaum fassen.

Da das Vorzimmer in der Regel mit der Eingangstür gemeinsam vorkommt, gelten dieselben Bedeutungen wie vor im Bezug auf die einzelnen Themen und zeigen an, wieviel man diesbezüglich bereit ist aufzunehmen.

Das gleiche gilt für **Flure**. Sie zeigen darüber hinaus den Energiefluß an, d.h. die Art der Verbindung der einzelnen Lebensbereiche.

Das Wohnzimmer, der Raum des geselligen Zusammenseins mit anderen, nimmt meistens den größten Raum in der Wohnung ein. Das heißt, daß man dem Lebensbereich, in dem es liegt, viel Aufmerksamkeit widmet und viel Raum im Leben gibt. Es zeigt, welcher Lebensbereich eine besonders große Rolle im Leben spielt. Oft dient das Wohnzimmer „nur" zum Repräsentieren, wenn Gäste kommen, und wird sonst nicht viel genutzt, oder es dient zum Fernsehen oder zum Relaxen. Entsprechend wird es dann auch eingerichtet sein. Grundsätzlich dient es zur Entwicklung des Gruppenbewußtseins.

Liegt das Wohnzimmer im **Bereich „Karriere"**, bedeutet dies, daß man entweder gelassen seinen Weg geht, dem Beruf oder seinem Lebensthema viel Raum gibt, sich gemeinsam mit anderen auf demselben Weg wähnt, usw. Jedenfalls empfindet man dies nicht als anstrengend, höchstens anregend. Thema: Unser Weg ist ein gemeinsamer Weg, den wir gleichzeitig aber auch allein gehen.

Das Wohnzimmer im **Bereich „Lernen"** heißt, man lernt lieber in der Gruppe mit anderen (Seminare z.B.), geselliger Austausch unterstützt die Persönlichkeitsentwicklung, lernen, sich in einer Gruppe zu verständigen, Erfahrungen mit anderen Menschen austauschen, um daraus zu lernen. Dies kann auch durch ein Buch oder das Fernsehen geschehen. Thema: Entwicklung durch Austausch mit anderen.

Das Wohnzimmer im **Bereich „Familie"** läßt auf ein geselliges Familienleben schließen, auf das man auch viel Wert legt.

Hier wird miteinander geredet und man will gemeinsam entspannen. Thema: Gemeinsamkeitsgefühl, Zusammenhalt und Gruppenbewußtsein entwickeln.

Im **Bereich „Reichtum"** dient das Wohnzimmer der existentiellen Gruppenerfahrung (gemeinsam in einem Boot sitzen). Je nachdem, wie man es eingerichtet hat, zeigt man seine Einstellung dazu. Das Wohnzimmer in diesem Bereich bedeutet in der Regel eine gute finanzielle Situation, wenn diese nicht durch andere Umstände blockiert ist. Hier ist die Geselligkeit oder auch die Entspannung von der Vernunft bestimmt.

Das Wohnzimmer im **Bereich „Erfolg"** bedeutet gemeinsamer Ausdruck des Lebensstils, in einer Gruppe nach außen wirken. Man reflektiert das Ansehen der Familie, den Erfolg, der ja immer im Wohnzimmer zu „sehen" ist. Es zeigt, daß man vor allem als Familie gesehen werden will. Thema: Eine Gruppenzugehörigkeit (z.B. bestimmte Gesinnung) und Loyalität zum Ausdruck bringen.

Befindet sich das Wohnzimmer im **Bereich „Ehe"**, deutet das oft auf mehrere Zweierbeziehungen hin, da die Geselligkeit hier stark gefühlsbetont ist. Es dient der gemeinsamen Gruppenerfahrung im seelisch-geistigen Bereich. Thema: Ausgleich von Yin und Yang in der Gruppe.

Das Wohnzimmer im **Bereich „Kinder"** beweist eine ausgesprochene Kinderfreundlichkeit, da man diesem Bereich so viel Raum in seinem Leben gibt. Es kann auch sein, daß man in diesem Fall den Kindern zuviel Aufmerksamkeit zukommen läßt und sie dann geneigt werden, den ganzen Raum für sich in Anspruch zu nehmen, sodaß man sich ihnen unterordnen muß. Es könnten aber auch Ideen sein und Phantasien, die maßgeblich das Leben einer Gruppe bestimmen. Thema: Gemeinsame Ideen entwickeln.

Das Wohnzimmer im **Bereich „Hilfreiche Menschen"** bedeutet den Austausch von Information in der Gruppe, Vermittlung, Kommunikation und damit gegenseitiges Helfen. Man ist großzügig, zwanglos und hilfsbereit. Thema: Gegenseitige Hilfe durch Reden und Zuhören.

Das Wohnzimmer **im „Zentrum"** zeigt ein ausgeprägtes Selbstwertgefühl, das mit anderen geteilt oder von anderen mitbestimmt wird. Es zeigt auch die Neigung gemeinsam mit anderen zu meditieren, und ist als eine solche Erfahrung das Thema.

D i e   K ü c h e steht für Umwandlung von Nahrung (auch geistiger), Verarbeitung und Transformation von Ideen, unsere Kreativität.

Im **Bereich „Karriere"** macht sie die Kreativität als solche zum Lebens- oder Berufsthema. Der Beruf erfordert viel Kreativität, oder die Kreativität wird zur Berufung. Andererseits prägt der Beruf die Kreativität und die Kreativität die Karriere.

Im **Bereich „Lernen"** sagt sie uns, daß wir leben, um zu lernen, und lernen, indem wir „leben", also etwas tun. In einer solchen Situation lernen wir z.B. nicht aus Büchern und häufen intellektuelles Wissen an, sondern wir lernen, indem wir handeln und fühlen. Das Lernvermögen und die Persönlichkeitsentwicklung werden von unserer Kreativität bestimmt, und umgekehrt ist die Kreativität in diesem Fall ein Lernprozeß. Wir könnten das auch so erleben, daß wir Kreativität in irgendeiner Weise lehren, z.B. eine bestimmte Ernährungsweise oder eine bestimmte Art zu Kochen. Auch ein Entwicklungshelfer, der anderen die kreative Hilfe zur Selbsthilfe lehrt, könnte seine Küche in diesem Bereich haben.

Im **Bereich „Familie"** stellt sie uns die Aufgabe, unsere Kreativität für den Erhalt einer Gruppe, Gemeinschaft oder Gesellschaft einzusetzen und damit die Gemeinsamkeit und den Zusammenhalt zu fördern.

Befindet sich die Küche im **Bereich „Reichtum"**, verdienen wir mit unserer Kreativität das Geld zum Leben, oder unsere materielle Existenz ist im besonderen davon abhängig, wie kreativ wir sind. Oder wir kochen zum Broterwerb. Hier bezieht sich die Kreativität auf das rationale Denken und das Existentielle, z.B. mit Vernunft mit den vorhandenen Ressourcen umzugehen.

Mit der Küche im **Bereich „Erfolg"**, bestimmt die Kreativität unser Ansehen. Wir wirken mit dem, was und wie wir schaffen nach außen. Hier dient die Kreativität unserem Selbstausdruck. Ein Restaurant, welches für besonders gutes Essen berühmt ist, oder für ganz bestimmte Gerichte bekannt ist, wird die Küche in diesem Bereich haben, aber auch z.B. ein Regisseur, wenn für ihn der Sinn seiner Tätigkeit darin liegt, berühmt zu werden oder zu sein.

Bei der Küche im **Bereich „Ehe"** brauchen wir die Kreativität zum Lernen des verständnis-und liebevollen Umgangs miteinander. Hier wird die Kreativität zum Ausgleichen eingesetzt. Das Sprichwort: „Die Liebe geht durch den Magen", macht es deutlich. Man könnte das z.B. aber auch so erleben, daß man sehr viel Wert auf eine ausgewogene Kost legt.

Im **Bereich „Kinder"** wird der Impuls (die Idee) selbst zur Kreativität, das heißt, unsere Kreativität besteht darin, neue brauchbare Dinge zu entwickeln, die wiederum der Entfaltung der Kreativität dienen. Visionen, Phantasien verwirklichen, immer wieder neues entstehen lassen und Erfahrungen machen. Die Küche repräsentiert hier das selbsterhaltende Prinzip der Schöpfung. Hier könnte z.B. ein Hobbykoch seine Küche haben.

Im **Bereich „Hilfreiche Menschen"** bestimmt unsere Kreativität die Kommunikation und den Austausch mit anderen Menschen. Unsere Kreativität ist für andere eine Hilfe. Wir könnten das z.B. auch so erleben, daß wir allzugerne für andere das „Süppchen" kochen.

Im **Bereich „Zentrum"** bedeutet die Küche schließlich Umwandlung des Bewußtseins durch kreatives Handeln. Wir nutzen unsere Kreativität zur Transformation der Selbstwahrnehmung, z.B. indem wir ständig neue Ideen für die Entwicklung von mehr Selbstbewußtsein umsetzen.

In der Regel nützen wir unsere Kreativität nicht nur für uns selbst, sondern versorgen damit auch andere. Die Kreativität des Einzelnen ist unser aller Transformator, das, was uns am Leben erhält und weiterbringt.

Als Kreativität bezeichnet man das Vermögen, Ideen und Gefühle so zu verbinden, daß sie mit Hilfe unseres Intellekts Realität werden können. Die Kreativität macht unsere Visionen und Phantasien erlebbar und erfahrbar. So wie jedes Essen besser schmeckt, das mit Liebe gekocht wurde, so bekommen uns Ideen, die von Liebe getragen sind, besser als andere.

Das Eßzimmer steht für Nahrungsaufnahme und Versorgung von mehreren Personen und steht in direkter Verbindung zur Küche. Eßplatz oder Eßzimmer sollten deshalb nicht zu weit von der Küche entfernt sein. Sehr oft ist es ja so, daß Kochen und Essen ohnehin in einer sogenannten Wohnküche untergebracht sind. Dies ist nicht nur praktisch und gemütlich, sondern zeigt auch, daß wir unmittelbar aufnahmebereit sind und nichts „kalt" werden lassen. Mit der Aufnahmebereitschaft bekommt das Kochen (die Kreativität) erst einen Sinn. Bei der Wohnküche werden also die Deutungen von Küche und Eßzimmer zusammengefaßt. Zum Beispiel deutet eine **Wohnküche im Bereich „Familie"** darauf hin, daß das Familienleben gut funktioniert. Man ist kommunikativ, kreativ und fühlt sich wohl, weil gut versorgt.

Das Eßzimmer im **Bereich „Karriere"** hat die Versorgung als Beruf/Berufung zum Thema. Es deutet auf eine berufliche Versorgung von Gruppen hin, wobei die Versorgung selbst das Thema ist. Z.B. kann es das eigene Thema sein, anderen eine bestimmte Zusammenstellung von Fakten zu servieren (Betriebsberatung), oder das Essen selbst ist der Beruf, z.B. das Kosten von Speisen, um sie zu beurteilen (Restauranttester).

Befindet sich das Eßzimmer im **Bereich „Lernen"**, ist das Thema entweder die Versorgung seiner selbst und anderer zu lernen oder zu lehren oder das Annehmen, Aufnehmen und Zuhören. Oft erleben wir das so, daß mancher Mensch dazu neigt, gerne „seine Geschichten" zu servieren.

Im **Bereich „Familie"** deutet das Eßzimmer darauf hin, daß man auf die gute Versorgung der Familie großen Wert legt. Hier dient das Geben und Nehmen dem Erhalt und der Versorgung einer Gruppe.

Das Eßzimmer im **Bereich „Reichtum"** zeigt, daß die Versorgung Geld bringt oder daß man aufgrund seiner Kreativität nicht an Mangel leidet oder daß die Versorgung sehr vom rationalen Denken bestimmt ist, usw. Tatsächlich geht es um vernünftige Versorgung mit materiellen Mitteln

Das Eßzimmer im **Bereich „Erfolg"** könnte heißen, daß man für die Versorgung anderer Anerkennung erwartet und/oder auch in besonderer Weise versorgend nach außen wirkt. Thema ist es, seine Gesinnung bezüglich Geben und Nehmen zum Ausdruck zu bringen.

Im **Bereich „Ehe"** weist uns das Eßzimmer darauf hin, daß Geben und Nehmen eins sind und daß die gegenseitige Versorgung (auch mit seelisch-geistiger Nahrung) im Gleichgewicht sein sollte. Es lehrt die Erfahrung, daß wir nur geben können, was ein anderer bereit ist, zu nehmen. Da das Eßzimmer meist für mehrere Personen Platz bietet, bezieht sich das nicht nur auf eine Partnerschaft als solche, sondern generell auf das Thema Geben-Nehmen. Wir könnten es daher auch so erleben, daß der Partner kein „Kostverächter" ist.

Befindet sich das Eßzimmer im **Bereich „Kinder"**, ist es bestimmt phantasievoll eingerichtet und/oder die Kinder sind besonders gut versorgt. Es heißt vor allem, kreative Ideen anderer aufnehmen.

Im **Bereich „Hilfreiche Menschen"** bedeutet das Eßzimmer, anderen durch Versorgung zu helfen, d.h. Nahrung sowie Erfahrungen mit anderen zu teilen. Die Versorgung dient dabei auch der Kommunikation. Will man sich mit Freunden unterhalten, lädt man sie z.B. zum Essen ein oder zumindest zu Kaffee und Kuchen. Es zeigt, daß man grundsätzlich ein sehr hilfsbereiter Mensch ist und gern gibt. Man führt gerne bei einem Essen anregende Gespräche, bei denen man gute Ratschläge erteilt und Erfahrungen weitergibt.

Im **Bereich „Zentrum"** dient das Eßzimmer der Entwicklung des Selbstverständnisses als Individuum in der Gruppe. Dabei kann es auch vorkommen, daß man mit der Versorgung sein Ego oder das der anderen nähren will.

Das Badezimmer/WC steht für Reinigung, auch Be-reinigung, bzw. für das Loslassen dessen, was man nicht (mehr) braucht. Je nachdem, in welchem Bereich sich das Bad und das WC befinden, betrifft es speziell dieses Thema. Heute ist fast immer beides im selben Raum untergebracht und oft noch zusätzlich eine Gästetoilette an einem anderen Ort im Haus. Betrifft die Gästetoilette wirklich nur die Gäste, ist das Loslassen auch für sie gedacht, ansonsten ergibt sich eben für einen selbst noch ein Thema, bei dem es ansteht, bestimmte Bewußtseinsinhalte (oft auch Personen und Geschehnisse) loszulassen. Bad und Toilette haben etwas Zwingendes an sich. Gelingt es uns nicht, unser Bewußtsein zu verändern, weil das Bad und besonders das WC ungünstig situiert sind, werden wir unter Umständen sehr unsanft dazu gezwungen.

Befinden sich Bad und/oder Toilette im **Bereich „Karriere"**, steht eine Bewußtseinsveränderung bezüglich des eigenen Weges an und ein Loslassen von Denk-und Verhaltensmustern, die einen daran hindern, neue Wege zu suchen. Oft erleben wir dann einen Berufswechsel, der je nach dem, freiwillig oder gezwungenermaßen zustande kommt.

Im **Bereich „Lernen"** betrifft es bestimmte Erfahrungen, die man vielleicht zu lange festhält. Das Loslassen und Bereinigen selbst ist dann die Lernerfahrung.

Im **Bereich „Familie"** heißt es Familienthemen bereinigen und gehen lassen.

Im **Bereich „Reichtum"** betrifft der Reinigungs-und Loslaßprozeß bestimmte Einstellungen zum Materiellen (z.B. Geld) und zum rationalen Denken.

Im Bereich **„Erfolg"** bezieht sich das Reinigen und Loslassen auf die Meinung anderer, oder wie man meint, wie einen die anderen sehen, oder auf die eigene Vorstellung von Anerkennung und Prestige.

Bad/WC im **Bereich „Ehe"** könnte einen Partnerwechsel bedeuten, denn man muß die Einstellung zum Partner und/oder bestimmten Erwartungen sausen lassen.

Im **Bereich „Kinder"** veranlassen uns Bad/WC bestimmte Themen aus der Kindheit zu bereinigen, bzw. bestimmte Vorstellungen und Einstellungen zu unseren Kindern zu verändern oder „falsche Ideen" loszulassen oder Blockaden, um überhaupt neue Impulse aufnehmen zu können und Phantasie zu entwickeln.

Bad/WC im **Bereich „Hilfreiche Menschen"** bringen uns bestimmt neue Menschen in das Leben und so manch vertraute Person müssen wir loslassen. Alte Freundschaften können sich auflösen, neue Möglichkeiten eines Austausches ergeben sich. Manchmal müssen wir uns innerlich oder auch äußerlich von bestimmten Menschen trennen, oder auch von der Art der Kommunikation, vielleicht diesbezügliche Blockaden loslassen, um in unserer Entwicklung weiterzugehen. Thema: Geben wir freiwillig, kann uns nichts genommen werden und wir bekommen doppelt und dreifach zurück.

Im **Bereich „Zentrum"** bezieht sich die Reinigung und das Loslassen auf die Art unserer Selbstwahrnehmung. Im schlimmsten Fall verlieren wir uns selbst.

D a s   S c h l a f z i m m e r ist der Ort des Wechsels in eine andere Bewußtseinsebene, die uns vom Wachbewußtsein der „realen" Welt ausruhen und erholen läßt. Bewußtheit und Unbewußtheit wechseln einander ab, doch das eine kennt das andere nicht.

Als Intimbereich der Partnerschaft unterscheidet es sich sinngemäß als Einzel-oder Doppelbettzimmer insofern, als man das Thema der Zweierbeziehung entweder gerade in sich verarbeitet als Ausgleich von Yin und Yang oder eben mit einem Partner, oder wenn eine Hälfte des Doppelbettes leer ist, mit einem Partner ausmachen möchte. Unser Unterbewußsein sucht sich den Partner, den es für bestimmte Erfahrungen braucht, und läßt uns sich ineinander verlieben. Es liegt in der Natur der Sache, daß das Lernthema, der Sinn einer Partnerschaft, unbewußt ist und daher bereits bei der Partnerwahl eine indirekte Rolle spielt.

Lassen Sie mich generell zum Partnerschaftsthema sinngemäß zitieren, was Hermann Meier so treffend in seinem Buch „Befreiung vom Schicksalszwang" formuliert:

„Das Können und Geben des Mannes und sein Selbstwertgefühl ist der körperlich-materielle Ausdruck der Liebesfähigkeit und des Seelenbewußtseins der Frau. An ihm (ihr sichtbares Ich) erkennt die Frau, wo sie selbst mit ihrer Liebesfähigkeit (die Art und Weise der Hingabe) und ihrem Seelenbewußtsein steht. Umgekehrt erfährt der Mann in der Liebesfähigkeit und dem Seelenbewußtsein der Frau (sein unsichtbares Ich) seine Leistungsfähigkeit und sein Selbstwertgefühl. Die Frau ist „sein Seelchen". Oder: Hinter jedem erfolgreichen Mann steht eine selbstbewußte Frau. Das heißt, ein erfolgreicher Mann zieht eine selbstbewußte

Frau an und eine liebesfähige Frau einen leistungsfähigen Mann und umgekehrt. Eine Frau, die sich selbst treu ist – in ihren fraulichen Qualitäten von Liebesfähigkeit und Seelenbewußtheit – wird also auch auf einen Mann treffen, der sich in seiner Leistungsfähigkeit und seinem Selbstwertgefühl treu ist. Ist ihre Liebesfähigkeit Illusion, d.h. ihre Liebe keine selbstlose, sondern fordernde, wird auch die Leistungsfähigkeit des Mannes und sein Selbstwertgefühl Illusion sein. Seine Leistungsfähigkeit wird dann fordernd sein und sein Selbstwertgefühl abhängig von Anerkennung."

Abgesehen davon, ist es sicher die Forderung in unserer Zeit des spirituellen Wachstums, daß jeder diese Qualitäten in sich entwickelt und damit vollkommener und unabhängiger wird.

Das Schlafzimmer im **Bereich „Karriere"** bezieht das oben beschriebene Thema auf die Erkenntnis, einen gemeinsamen Weg und ein gemeinsames Ziel zu haben. Yin und Yang streben gleichermaßen zur Vereinigung.

Beim Schlafzimmer im **Bereich „Lernen"** ist das Thema, den Ausgleich in der Partnerschaft aneinander zu lernen, sich in der Persönlichkeitsentwicklung gegenseitig zu unterstützen, das Andersartige zuzulassen.

Befindet sich das Schlafzimmer im **Bereich „Familie"** ist der Zweck der Partnerschaft, eine Familie zu gründen oder sich als Paar in eine Gruppe einzufügen, oder eben die eigene Ausgeglichenheit in einer Gruppe zu leben.

Im **Bereich „Reichtum"** liegt der Lernprozeß der Partnerschaft in der Gleichberechtigung der Geschlechter als Mann und Frau, also der Ergänzung auf der rational-körperlichen Ebene und als Erfahrung in der körperliche Liebe. Manche erleben das als das Thema von Geld, Macht und Sex.

Das Schlafzimmer im **Bereich „Erfolg"** heißt, sich als Paar auszudrücken. Die innere Ausgeglichenheit zum Ausdruck bringen. Wir erleben das oft so, daß wir die Partnerschaft öffentlich dokumentieren und besiegeln lassen wollen. Wir wollen als Paar auftreten und als solches anerkannt werden. Es heißt auch, zu seinem „Schatten" stehen. Oft will man beim Schlafzimmer in diesem Bereich allerdings hauptsächlich mit dem Partner in der Öffentlich repräsentieren und wählt aus diesem Grund einen sozial höhergestellten Partner und es geht einem mehr um Prestige und Image als Paar.

Beim Schlafzimmer im **Bereich „Ehe"** geht es in der Partnerschaft um die Erfahrung, sich als Ergänzung auf der seelisch-körperlichen Ebene zu erleben, ohne bestimmte Forderung und Erwartung an den Partner, sondern allein um der Ergänzung willen, um mit ihm Momente der Ganzheit zu erleben. Es kann aber auch sein, daß man die Situation so erfährt, daß man ohne Partner nicht sein kann und deshalb „wahllos" Beziehungen eingeht.

Im **Bereich „Kinder"** zeigt das Schlafzimmer den unbedingten Kinderwunsch in der Partnerschaft an, man geht sie oft „nur" zu diesem Zweck ein. Tatsächlich geht es auch darum, aus dem Wechselspiel von Yin und Yang neue Impulse zu erfahren. Sehr oft müssen wir aber hier erst die eigene Kindrolle in der Partnerschaft erlösen.

Das Schlafzimmer im **Bereich „Hilfreiche Menschen"** läßt uns den Partner als Freund erfahren. Thema ist die gegenseitige Hilfe, die freundschaftliche Basis in der Partnerschaft. Oft erleben wir das allerdings, indem der eine den anderen ausnützt.

Das Schlafzimmer im **„Zentrum"** fördert die Selbsterfahrung durch die Zweisamkeit. Es geht um die Wahrnehmung des „Du" als den eigenen Schatten und hat zum Inhalt, das Selbstverständnis des einzelnen in der Partnerschaft sich entwickeln lassen.

D a s   K i n d e r z i m m e r ist der Aufenthalts-und Schlafraum für die Kinder und stellvertretend auch der Raum um Ideen aufzunehmen und Phantasie zu entwickeln. Hat man Kinder, erlebt man die Phantasie und die Ideen und Impulse durch sie. Die Situierung des Kinderzimmers zeigt das Lebensthema, bzw. die Thematik eines bestimmten Zeitraums.

Meistens will man, daß es die Kinder im Leben „besser" haben als man selbst. Tatsächlich aber verlangen wir von ihnen, daß s i e alles besser machen als wir selbst es taten. Wir erinnern uns kaum an den „Zustand" des eigenen Kindseins. Insofern stellen wir oft an die Kinder so große Anforderungen, daß sie darüber ihre Phantasie verlieren. Die Aussagen haben also auch immer mit der eigenen Kindheit zu tun und der Art und

Weise, wie wir das Kind in uns leben und leben lassen. Außerdem spielt das Alter der Kinder eine große Rolle.

Befindet sich das Kinderzimmer im **Bereich „Karriere"**, trägt man die Erwartung in sich, daß sie einen bestimmten Weg gehen, „Karriere" machen oder Ersatz für die eigene Karriere sind. Meistens hat man schon eine fixe Vorstellung davon. Es sind dies unsere unbewußten oder auch schon bewußten, nicht erfüllten Träume der eigenen Karriere. Es zeigt einem, was man selber gern getan hätte. Sie zeigen genaugenommen das eigene Thema, den eigenen Weg. Sinn ist es, die eigenen Ideen als „seinen" Weg umzusetzen. Das ist dann für das Kind, mit seinem Zimmer in diesem Bereich, meist besonders schwer.

Beim Kinderzimmer im **Bereich „Lernen"** erwartet man vom Kind bestimmt Intelligenz und Lernfähigkeit. Thema ist, zu lernen, neue Ideen umzusetzen.

Liegt das Kinderzimmer im **Bereich „Familie"**, ist das Kind der bestimmende Impuls in der Familie. Das Thema ist, Ideen und Phantasie in eine Gruppe einbringen oder eine Gruppe gründen, um gemeinsame Ideen zu entwickeln. Für das Kind: Sich in die Familie einzufügen und soziales Verhalten zu lernen.

Das Kinderzimmer im **Bereich „Reichtum"** weist uns darauf hin, daß wir neue Ideen und Phantasie (Sichtweisen) in das existentielle Dasein bringen müssen. Oft werden diese Kinder in Bezug auf das Materielle, Vernünftige „nie erwachsen", sind eher verträumt und unrealistisch. Sie weisen uns dann auf den Reichtum in uns selbst hin. Gleichzeitig ist dies ihr Reichtum, den sie entdecken müssen. Sie lernen den Wert des Materiellen kennen.

Im **Bereich „Erfolg"** geht es beim Kinderzimmer um den Ausdruck und die Verwirklichung der Ideen und Visionen. Auch dies erwarten wir oft stellvertretend von den Kindern. Besonders dann, wenn wir betonen, wie stolz wir auf sie sind und mit ihrem „Erfolg" Anerkennung für uns selbst erringen möchten. Typisch ist das sogenannte Erfolgskind. Andererseits ist es das Thema des Kindes sich richtig auszudrücken.

Das Kinderzimmer im **Bereich „Ehe"** deutet oft auf Partnerersatz durch das Kind hin. Auch in einer bestehenden Ehe spielt das Kind dann eine sehr wesentliche Rolle, meist in Bezug auf die Art der Verbindung der Eltern und das Weiterbestehen ihrer Partnerschaft. Das Thema für die Eltern sind die ständig neuen Impulse und Ideen für die Erfahrung der Ergänzung von Yin und Yang und diese immer wieder in Ausgleich zu bringen. Das Kind lernt in diesem Bereich partnerschaftliches Verhalten.

Beim Kinderzimmer im **Bereich „Kinder"**, dem Platz, wo Kinder, Kinder sein können, weil sie selbst „Ideen" sind, neigen sie besonders dazu, neue Ideen aufzunehmen und ihre Phantasie zu entwickeln, weil sie sie erst gar nicht so schnell verlieren. Dies fördert ihre Entwicklung. Wenn sie allerdings schon älter sind, könnten sie dazu neigen, der Alltagsrealität zu entfliehen und sich zu sträuben, erwachsen zu werden.

Im **Bereich „Hilfreiche Menschen"** ist Lernthema des Kindes die Freundschaft und das Einander-helfen. Für die Eltern heißt es neue Ideen in die Kommunikation einzubringen, den Austausch, das Geben-Nehmen neu zu beleben. Wir brauchen immer wieder neue Impulse im gegenseitigen Austausch. Beim Kinderzimmer in diesem Bereich wird das Kind oft zu sehr beschützt und von Hilfe abhängig, oder umgekehrt, das Kind eher als hilfreicher Freund gesehen, denn als Kind.

Im **Bereich „Zentrum"** ist das Kindsein (oder stellvertretend das Kind) das zentrale Thema. Wir lernen über das Kind unser Kind in uns selbst wahrzunehmen. Für das Kind fördert es sein Selbstverständnis, könnte aber auch zu ausgeprägtem Egoismus führen.

Beim Arbeitszimmer ist natürlich für die Interpretation in bezug auf die einzelnen Bereiche wesentlich, woraus die Arbeit besteht. Handelt es sich um eine Bastlerwerkstatt, ein Atelier oder ein Büro? Unter Arbeit verstehen wir, uns etwas erarbeiten.

Liegt das Arbeitszimmer im **Bereich „Karriere"**, geht es darum, zu begreifen, daß die Arbeit an uns selbst unser Weg ist. Meist erleben wir das so, daß wir arbeiten, um Karriere zu machen. Umgekehrt macht das „Karriere-machen" dann viel Arbeit.

Das Arbeitszimmer im **Bereich „Lernen"** zeigt, daß das Lernen und die Persönlichkeitsentwicklung von der Art der Arbeit bestimmt wird, die wir in diesem Raum durchführen. Vielleicht lernen wir diese Arbeit erst und das ist bestimmend für die momentane Lebenssituation. Oder unsere Arbeit besteht aus Lehren. Haben wir z.B. hier den Schreibtisch und -zig Bücher, ist das Thema intellektuelles Lernen und Lehren und wir erarbeiten uns Wissen aus Büchern oder geben solches weiter.

Im **Bereich „Familie"** geht es um Gruppenarbeit, das Arbeiten in einer Gruppe, oder das Er-arbeiten einer Gruppe. Je nachdem um welche Art Arbeitszimmer es sich handelt, erkennen wir den Inhalt dieser Arbeit. Teamwork ist gefragt.

Im **Bereich „Reichtum"** verdienen wir mit dieser Art Arbeit unser Geld und sehen auch den Sinn unserer Arbeit vor allem darin. Lernthema ist tatsächlich die Erkenntnis, daß wir uns eine ausreichende materielle Grundlage schaffen müssen, damit wir uns weiterentwickeln können. Es macht uns unseren inneren Reichtum erfahrbar.

Im **Bereich „Erfolg"** wollen wir meist mit unserer Arbeit in erster Linie Ansehen gewinnen. Anerkennung hat für uns dann mehr Wert als Geld. Deshalb sind wir in diesem Fall mit unserer Arbeit bestimmt erfolgreich. Sehr oft haben wir es hier mit Öffentlichkeitsarbeit zu tun. Das Thema ist, daß wir das, was wir uns erarbeiten, entsprechend zum Ausdruck bringen.

Das Arbeitszimmer im **Bereich „Ehe"** zeigt, daß wir gemeinsam mit einem Partner arbeiten und uns die Arbeit teilen wollen. Wir möchten uns in der „Arbeit" ergänzen. Thema ist das Erarbeiten des seelisch-materiellen Ausgleichs in uns selbst, d.h. unsere Erfüllung in der Arbeit zu finden. Das hat vor allem mit dem Wollen und Können zu tun. Wenn wir glauben, daß wir das, was wir wollen, allein nicht können, brauchen wir einen Partner dazu.

Im **Bereich „Kinder"** ist man bei der Arbeit bestimmt sehr phantasievoll, oder das Phantasieren, Visionieren als solches ist überhaupt der eigentliche Inhalt der Arbeit. Thema ist, die Arbeit nicht zu ernst zu nehmen, sondern spielerisch zu betreiben und offen zu bleiben für neue Impulse. Hier wird eine Arbeit zum Hobby, oder das Hobby zur Arbeit. Die besten Ideen kommen leicht und sozusagen von selbst, ohne Anstrengung, wenn wir sie nur „kommen lassen".

Beim Arbeitszimmer im **Bereich „Hilfreiche Menschen"** dient die Arbeit zur Hilfe für andere, zur Kommunikation und zum Austausch im allgemeinen, z.B. Handel. Mit dem was wir uns erarbeiten helfen wir anderen und damit uns selbst.

Liegt das Arbeitszimmer im **Bereich „Zentrum"**, betrifft diese Arbeit unsere Selbstverwirklichung und das Selbstverständnis. Thema ist, unsere Selbstwahrnehmung in unsere Arbeit einzubringen, umgekehrt wird die Art und Weise unserer Arbeit ganz wesentlich unser Selbstwertgefühl bestimmen.

Das Gästezimmer ist ein Raum, den wir für Menschen reservieren, die wir zu uns einladen und zeitweise mit uns sein lassen. Wir haben eine bestimmte Beziehung zu ihnen, deren Grundstruktur wir anhand der Lage des Gästezimmers erkennen. Es zeigt ein Thema, mit welchem wir durch sie in Berührung kommen und das einem besonders am Herzen liegt.

Liegt das Gästezimmer im **Bereich „Karriere"**, geht es hauptsächlich um Berufsthemen, die Gäste werden vielfach Berufskollegen sein.

Im **Bereich „Lernen"** heißt das Thema Erfahrung, Wissen und Persönlichkeit. Die Gäste kommen hauptsächlich um neue Erfahrungen zu sammeln oder man lädt sie gerne ein, weil man von ihnen etwas lernen kann.

Im **Bereich „Familie"** sind die Gäste vorwiegend aus dem familiären Kreis, oder sie kommen, weil sie sich hier wohl und geborgen fühlen.

Beim Gästezimmer im **Bereich „Reichtum"** hat der Besuch meist materielle Hintergründe und ist vom praktischen Denken bestimmt. Häufig werden es Geschäftsfreunde sein.

Im **Bereich „Erfolg"** ist der Besuch oft prominent und man will ihn herzeigen, oder man lädt überwiegend Leute ein, mit denen man repräsentieren kann.

Im **Bereich „Ehe"** hat man eher ein partnerschaftliches Verhältnis zu den Gästen und sieht sie als willkommene Ergänzung für sich.

Im **Bereich „Kinder"** will man sie behüten und behandelt sie wie Kinder, oder man erwartet neue Impulse von ihnen.

Im **Bereich „Hilfreiche Menschen"** geht es um freundschaftliche Hilfe, die man erwartet oder gibt.

Beim Gästezimmer im **Bereich „Zentrum"** wird durch einen Besuch vorübergehend das eigene Selbstbewußtsein und Selbstwertgefühl fremdbesetzt und auf jeden Fall vom Besuch stark beeinflußt. Das kann natürlich auch im negativen Sinn der Fall sein.

Der Abstellraum zeigt uns Verhaltensmuster, d.h. Gewohnheiten und Einstellungen, die wir gelegentlich oder zum täglichen Gebrauch bereitstellen und nur zeitweise hervorholen. Je nachdem, in welchem Bereich der Abstellraum liegt und zu was er dient, betrifft es dann vor allem diese Themen.

Liegt er im **Bereich „Kinder"**, sind es z.B. verborgene Ideen, im **Bereich „Hilfreiche Menschen"** betrifft es den Austausch und im **Bereich „Familie"** sind es diesbezüglich gewisse Bewußtseinsinhalte, z.B. bestimmte Gewohnheiten, gemeinsame Redewendungen, Vorgehensweisen, usf.

Es kommt darauf an, was sich im Abstellraum befindet. Ist es ein **Vorratsraum**, also eine Reserve, und er befindet sich z.B. im **Bereich „Finanzen"**, hat man bestimmt eine entsprechende materielle Rücklage, auf die man zugreifen kann. Man ist der Ansicht, daß „man vorsorgen" sollte oder die Reserve ist ein besonderes Bedürfnis, dem man extra Raum gibt. Haben Sie im Abstellraum Reinigungsmaterial recht ordentlich aufbewahrt, liegt Ihnen die Sauberkeit Ihrer Wohnung am Herzen, beinhaltet der Abstellraum nur altes Gerümpel, fällt es Ihnen schwer, sich von unnützer Last zu trennen. Und liegt er dann z.B. noch im **Bereich „Hilfreiche Menschen"**, läßt das auf verstaubte, überholte Ansichten oder nachlässige Gewohnheiten im Umgang mit anderen Menschen schließen.

Zusammenfassung

Die Ba gua stehen in Wechselbeziehung zueinander und lassen ein bestimmtes Muster erkennen, ähnlich dem der Sternenkonstellationen in der Astrologie.

Man darf daher die Themen nicht zu eng und vereinzelt behandeln. Erst in der Betrachtung ihrer Verbindung zueinander offenbart sich ihre wahre Bedeutung. Oft dehnen sich Räume ganz oder teilweise über zwei oder noch mehr Bereiche aus, oder zwei Räume befinden sich in einem Bereich. Bedenken Sie auch, daß der Grundriß Ihrer Wohnung und die spezifische Nutzung der Räume nur die Gesamtsituation spiegeln. Erst wie Sie die Räume eingerichtet haben, zeigt wie Sie mit den einzelnen Themen umgehen. Entsprechend werden Sie sie ganz individuell erleben.

Außerdem haben noch andere, bereits vorgegebene Baulichkeiten ihre Aussage, die wir wiederum mit den Räumlichkeiten und Bereichen, in denen sie vorkommen, verbinden müssen. Diese Zusammenhänge ersehen Sie dann in den praktischen Beispielen.

Es sind nicht die Umstände,
die den Menschen schaffen.
Der Mensch ist es,
der die Umstände schafft.

(Benjamin Disraeli)

5. Äußere und bauliche Gegebenheiten und deren Korrekturen

Linien

Linien bilden Flächen, Flächen bilden Formen, Formen bilden Körper.

Geschwungene Linien entsprechen der Yin-Energie. Sind sie zu viel und zu rund im Verhältnis zu den anderen, wird diese Energie zu langsam, um Veränderungen zuzulassen. Sie bewirkt dann z.B. Faulheit und Trägheit.

Gerade Linien betreffen das Wesen der Yang-Energie. Sind die Linien ununterbrochen und im Verhältnis zu den anderen zu lang, fließt die Energie zu schnell für eine harmonische Veränderung. Sie bewirkt dann z.B. Aggression und Zwang.

Gerade und geschwungene Linien, Formen oder Körper sollten daher in Ausgewogenheit vorkommen. Zum Beispiel:

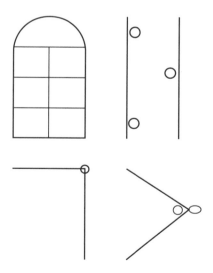

Fenster – Weg/Flur – Ecken

Stehen zwei gerade Linien im rechten Winkel (90 Grad) zueinander, geht es grundsätzlich mit „rechten" Dingen zu, denn sie können dann so verbunden werden, daß durch Teilung zwei gleichschenkelige Dreiecke entstehen.

Das Rechteck steht für das Element Erde und deutet damit an, daß wir ein Recht darauf haben hier zu sein. Es bestärkt unser Durchsetzungsvermögen. Ist die Ecke jedoch sehr spitz wirkt sie aggressiv auf uns. Zum friedlichen Beisammensein bedarf es dann des Ausgleichs mit einer runden Form oder die Ecke selbst wird leicht abgerundet.

Schrägen

Verhalten sich die beiden geraden Linien im schrägen Winkel zueinander (pfeilartig) bedeutet das hinterlistige Aggression.

Schräge Linien zeigen immer, daß etwas schief läuft. Da es sich dabei meist um eine Yang-Energie handelt, betrifft es unlautere Gedanken.

a) Als Grundrißlinie stellen schräge Linien eine Beeinträchtigung oder eine unrechtmäßige Ausweitung dar. Dies betrifft mehr die Umstände und ein Geschehen, denn eine einzelne Person. Erstreckt sich die Linie vom Eingang aus gesehen nach auswärts, kommt die Ursache von uns. Es handelt sich um bestimmte Verhaltensweisen oder Umstände, wodurch wir beeinträchtigend nach außen wirken. Verläuft sie nach innen, werden wir von außen, also von äußeren Umständen zu unrecht beeinträchtigt.

Beeinträchtigung geschieht
von innen nach außen

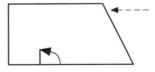
Beeinträchtigung geschieht
von außen nach innen

Wir können solche Situationen ausgleichen, indem wir zum Beispiel links und rechts am Ende der schrägen Linie eine runde Form hinzufügen. Legen Sie zwei runde Kugeln auf den Boden, malen Sie zwei runde Scheiben an die Wand, oder stellen Sie links und rechts zwei runde Blumentöpfe auf. Sie bringen damit die schräge Linie symbolisch in die Waage. In manchen Fällen kann man eine schräge Wand auch verspiegeln, wenn sie nicht zu groß ist.

b) Bei Dachschrägen werden wir von „oben", einer höheren Macht außerhalb von uns, eingeschränkt. Sei es die Art des Glaubens an Gott, einer Institution, der Gesellschaft, des Schicksals oder sonst irgendwelcher Autoritäten. Sie ist sehr bestimmend in unserem Bewußtsein und wir stoßen uns daran den Kopf. Wir werden solange im Leben von äußeren Mächten im destruktiven Sinne in die Knie gezwungen, bis wir die göttliche Macht, in die wir eingebunden sind, und die auch in uns ist, erkennen, dankbar annehmen und in unseren Alltag integrieren. Thema ist: die Demut lernen. Demut heißt Mut zum Dienen. Es heißt, dem Guten in uns zu dienen, um damit anderen dienen zu können. Dies ist die Hinwendung zur Spiritualität. Ein massiver Hinweis, daß wir die große Macht unseres Bewußtseins, die Möglichkeit der Entscheidung, erkennen und uns diesem „beugen" sollten. Das tut nicht weh. Im Gegenteil, es bedingt unsere Freiheit, so zu sein, wie wir wirklich sind, nämlich göttliche schöpferische Wesen.

Solange wir das nicht tun, werden wir von gegenteiligen Kräften dazu gezwungen und erleben dieses Prinzip mehr oder weniger destruktiv. Die Dachschräge, als äußerer Umstand, weist uns als schmerzhafte Tatsache darauf hin. Bei sehr beeinträchtigenden Dachschrägen haben wir meist Autoritätsprobleme und bekommen eventuell sogar Probleme mit den Knien. Bei einer einseitigen Dachschräge bezieht sich unsere geistige Höherentwicklung auf eine diesbezügliche einseitige Sichtweise und ein entsprechendes Ungleichgewicht.

Die Lösungen bei Dachschrägen werden aufgrund der vielseitigen Auswirkungen später behandelt.

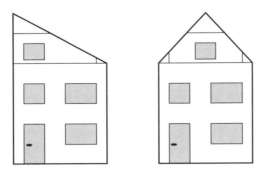

Einseitige Dachschräge
Ausgebautes Dachgeschoß mit niederem Kniestock

c) Bei Türschrägen wird die Sache schon sehr persönlich, denn Türen stellen ja eine Meinung, eine Aussage dar. In diesem Fall eine Aussage mit schrägen Absichten. Handelt es sich um Zimmertüren, kommen die schrägen Absichten bei der Tür herein, oder z. B. bei einm Abstellraum unter Dach oder Stiege, von da heraus, und bei Schranktüren betrifft die schräge Absicht die Aussage einer Person. Da sie sich im Haus oder der Wohnung befinden, sind sie sozusagen schon da, also in einem unserer Lebensbereiche.

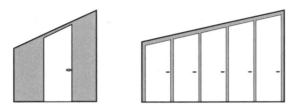

Abgeschrägte Zimmertür, abgeschrägte Schranktüren bei Einbauten

d) Bei abgeschrägten Fenstern ist die Problematik meist noch kritischer, denn da kommt die nicht sichtbare und hörbare, schräge Absicht aus dem luftigen Bereich (Gedankenenergie) von draußen unbemerkt zum Fenster herein. Vielleicht eine Sekte, ein „böser Geist", eine negative Beeinflussung, oder etwas Ähnliches. Man merkt „es" erst, wenn „es" da ist.

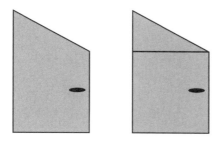

Abgeschrägtes Fenster   **Korrektur**

In allen Fällen entsteht durch die einseitige Schräge ein stark ungleichschenkeliges Viereck. Die Lösung besteht darin, das Fenster oder die Tür so zu teilen, daß ein Dreieck und ein Viereck entstehen. Wenn das für Sie nicht machbar ist, dann deuten Sie dies, wiederum symbolisch, durch eine aufgemalte Linie an.

Formen im Allgemeinen

Bei allen Bedeutungen, die wir den Dingen geben, handelt es sich um eine objektive Darstellung einer Gegebenheit, wie wir sie subjektiv erleben. Tatsächlich entsprechen die Bedeutungen, die wir den Dingen oder Situationen geben, unserem Bewußtsein, das heißt, unserer Gedanken- und Gefühlswelt.

Die Idee schafft eine Form, die sich gemäß der Idee mit Gefühlen füllt und zum Ausdruck kommt. Der Ausdruck wird zur neuen Idee, die sich wieder füllt und zum Ausdruck kommt, was wieder eine neue Idee entstehen läßt, usw. usf.

Ideen entstehen aus unserem Bewußtsein heraus, unser Bewußtsein bestimmt die Art und Weise unseres Daseins, und dieses bestimmt unsere Ideen, wobei diesem Geschehen unsere Bestimmung, die uns weitestgehend unbewußt ist, zugrunde liegt. Auf die Bestimmung haben wir keinen Einfluß, oft auch nicht auf die Ideen anderer, aber auf unsere eigenen. Zum Beispiel gibt die Idee der Parzellierung einem Grundstück die Form, die unter Umständen dann zwingend die Hausform bestimmt, die Hausform bestimmt wiederum mehr oder weniger zwingend die Raumaufteilung, die Raumaufteilung bestimmt mehr oder weniger zwingend die Möblierung, die Möblierung bestimmt mehr oder weniger die Raumgestaltung, die Raumgestaltung bestimmt mehr oder weniger die Atmosphäre, die Atmosphäre im Raum bestimmt mehr oder weniger (angenehm oder unangenehm) unser Wohlgefühl, unser Wohlgefühl bestimmt unsere Gedanken und Gefühle, und diese unser Handeln. Im „Mehr oder weniger" liegt unsere Wahl, die Freiheit, die Dinge zu verändern. Es scheint so, als hätten wir dabei wenig Spielraum, aber jede neue Ursache, selbst die kleinste, hat eine neue Wirkung und bringt einen neuen Kreislauf zustande. Das „Mehr oder weniger" beinhaltet Qualität und Quantität, und deren Intensität ist daher mehr oder weniger zwingend. Im positiven wie negativen Sinn reicht die Skala von einer gewissen Bestimmtheit bis zum „Vielleicht".

Die Linien bilden Flächen und Körper, und beide haben bestimmte Formen. Mit der Form, der Idee, fing ursprünglich alles an und tut es nach wie vor, von den größten bis zu den kleinsten Dingen dieser Welt.

Grundrißform

Der Form eines Körpers geht die Form einer Fläche voraus. Wir nennen das in der Architektur den Grundriß.

Unabhängig davon, ob Grundstück, Gebäude, Haus, Wohnung oder Raum, hat also der Grundriß als solcher schon eine Aussage.

Ist die Form ausgeglichen, deutet das auf eine grundsätzliche Ausgewogenheit der Lebensbereiche hin. Fehlt ein Bereich, ist uns das diesbezügliche Potential nicht bewußt und steht daher nicht zur Verfügung. Dies gilt deshalb als ungünstig, weil es das Leben schwerer macht. Wenn wir etwas haben, das wir nicht wissen und deshalb nicht nutzen können, erfahren wir es logischerweise als Defizit im Leben und müssen dies irgendwie anders ausgleichen. Das Ungleichgewicht in der Wahrnehmung der Lebensbereiche gleicht sich auf natürliche Weise also immer aus.

Wenn uns z.B. der Bereich „Hilfreiche Menschen" fehlt, fehlt uns das Wissen darum, daß es solche gibt. Also müssen wir allein zurecht kommen, und das ist auf jeden Fall schwerer als mit Unterstützung anderer Menschen. Es verstärkt sich das Bewußtsein: Ich brauche keine Hilfe, ich kann allein zurecht kommen, oder: alles muß ich alleine machen, es hilft mir ohnehin niemand. Wahrscheinlich haben wir da irgendwann die Erfahrung gemacht, daß Menschen, die wir als hilfreich betrachtet haben, es in unserem Sinne nicht waren. Oder wir haben die Unterstützung anderer bewußtseinsmäßig nie als solche aufgefaßt. Oder vielleicht haben wir das Geben und Nehmen nie gelernt und werden nun extra auf den Austausch mit anderen Menschen hingewiesen. Wie auch immer. Die Bereiche „Karriere" (Selbständigkeit) und „Lernen" (Persönlichkeitsentwicklung) bekommen dadurch mehr Bedeutung im Leben.

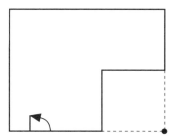

Fehlen mehrere Bereiche, wird das Leben immer schwieriger. Befindet sich die Eingangstür in den Bereichen „Familie", „Reichtum", „Erfolg", „Ehe", „Kinder" oder im „Zentrum", fehlen immer ein oder mehrere Bereiche, und das Defizit bekommt noch mehr

Gewicht. Siehe Zeichnungen im vierten Kapitel mit den fehlenden Bereichen. Wogegen wir das Gegenteil erleben, wenn wir „Verstärkungen" im Grundriß haben.

Lösungen: Verlängern Sie die Linien im fehlenden Bereich durch „Gedankenstriche" und setzen Sie einen markanten Punkt in die fehlende Ecke. Bei einem Haus ist das am Grundstück leicht zu bewerkstelligen (z.B. mit einem Baum, Pflanze, Laternenpfahl, Skulptur, Stein, etc.). In der Wohnung müssen Sie es meist gedanklich tun. Dazu später noch Tips.

Außergewöhnliche Situationen ersieht man oft bereits am Grundriß. Die Form des Grundrisses hat dann schon eine eigenwillige Aussage. Es ist wie ein Bild, eine Darstellung, z.B. einem Tier ähnlich, einer Hacke oder einem Revolver, einer Windmühle oder einem Turm, etc. Manchmal bedarf es etwas Phantasie, eine bestimmte Form zu erkennen. Ist sie aber deutlich da, dann hat sie auch eine entsprechende Auswirkung auf die Geschicke der Menschen, die hier wohnen.

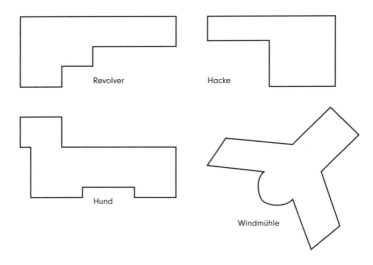

Revolver   Hacke

Hund

Windmühle

Grundrißgröße

Außer der Form hat natürlich auch die Größe eines Grundstückes, des Hauses, einer Etage, einer Wohnung und eines Zimmers seine Aussage. Die Größe der Fläche bzw. des Raumes gibt Auskunft über das Ausmaß des persönlichen Rahmens (Raumes), den man sich und den einzelnen Lebensbereichen gibt, und deren Verhältnis zueinander.

Wir geben z.B. oft dem Wohnzimmer einen übergroßen Raum und dem Vorzimmer einen viel zu kleinen.

Grundstück

Das Grundstück läßt das äußere Thema erkennen. Es stellt die Basis dar, das unmittelbare Umfeld, in das wir eingebunden sind.

Je größer das Grundstück, desto größer ist der gesellschaftliche Rahmen, in dem man sich bewegt und die Freiheit, die man genießt. Ist die Form und das Gelände ausgeglichen, zieht sich das im wesentlichen bis ins Hausinnere durch. Trotzdem muß der Grundriß des Hauses nicht unbedingt mit dem des Grundstücks übereinstimmen. Hat das Grundstück eine sehr unausgeglichene Form, kann man das mit der Hausform und der Gartengestaltung ausgleichen.

Das Haus

Das **Einfamilienhaus** auf dem Grundstück stellt unsere Individualität dar. Die Themen zeichnen sich bereits bei der gewählten Hausform ab.

Im Einfamilienhaus steht der Keller für die Vergangenheit, das Erdgeschoß für die Gegenwart, das Obergeschoß für die Zukunft. Analog dazu Unterbewußtsein, Alltagsrealität, Überbewußtsein mit eventuell noch ein oder zwei Ebenen. Man lebt also auf mehreren Ebenen zugleich, die man ständig miteinander verbindet. Übernommene Verhaltensmuster und Bewußtseinsinhalte spielen bestimmend in die Gegenwart und gestalten die Zukunft. Es zeigt auch eine gewisse Konsequenz, die in der Vergangenheit getroffenen Entscheidungen in der Gegenwart zu leben und in die Zukunft zu tragen.

Meist befinden sich der Wohnraum sowie Küche und Eßzimmer im Erdgeschoß, die Schlafzimmer oben. Man stellt die Schlafräume in der Wichtigkeit über das Alltagsgeschehen und neigt dazu, für die Zukunft vorzusorgen. Man nimmt sich in der Gegenwart zurück, um in Zukunft ein ruhiges, gemeinsames (Schlafzimmer) Leben zu haben. Ebenso denkt man vorsorglich für die Kinder, deren Räume sich meistens auch oben befinden. Dies wird verbal auch ausgedrückt, denn man beginnt die Sätze oft mit „wir haben" und „wir werden". Die Vergangenheit wirkt sehr bestimmend in die Gegenwart, die Gegenwart kreiert die Zukunft. Dies entspricht der konservativen, verläßlichen, bodenständigen Mittelschicht der Bevölkerung mit Zukunftsdenken, bedeutet Glauben und sich Einfügen in die bestehende Gesellschaftsordnung mit Zukunft. Es heißt aber auch Wahrnehmung, Verarbeitung und Transformation bestimmter Bewußtseinsinhalte.

Nicht, daß wir dieses Thema nicht alle hätten, der Unterschied zum Wohnen auf einer Ebene im **Bungalow** liegt darin, daß die einen mit dem was w a r in die Zukunft denken und die anderen mit dem, was i s t. Deren Verb ist: „Wir sind". Sie leben mehr im Gegenwärtigen, ihre Einstellungen und ihr Leben sind veränderlicher, denn etwas verändern können wir n u r in der Gegenwart, und diese erstreckt sich nicht auf drei oder mehr Etagen, so daß die Veränderungen viel Zeit brauchen und mehr Energie kosten, sondern auf einer Ebene schneller erfolgen können. Deshalb müssen sie, was nicht erledigt werden kann, hinter sich lassen. Sie können es nicht für später aufheben und festhalten, denn da kommt bereits das nächste ins Leben.

Thema: Das „Was" von morgen entspricht dem „Wie" von heute, und dieses erfordert daher unsere volle Aufmerksamkeit. Der Lernprozeß besteht im ersten Fall darin, wertvolle Erkenntnisse zu behalten und zu Verarbeiten, um daraus Selbstvertrauen und Selbstwertgefühl zu gewinnen. Vergangenheitsbewältigung. Im zweiten Fall geht es darum, alte Erfahrungen und Erkenntnisse loszulassen und Urvertrauen zu entwickeln. Gegenwartsbewältigung.

Alte Häuser stellen sehr alte Themen dar, besonders Häuser mit Keller. Hier besteht eine akute karmische Resonanz, während es bei neuen Häusern um die jüngere bis jüngste Vergangenheit geht. Bei sehr alten Häusern hängen fast noch immer Energieformen fest, die sich aus irgendwelchen Gründen nicht von der Erdatmosphäre lösen können oder wollen. Selbst wenn das Haus abgerissen und eine neues aufgebaut wurde, bleiben sie hartnäckig da. Sie ziehen gleiche oder ähnliche Schwingungen, d.h. Energieformen an, und behaupten sich auf diese Weise. Diese Energien kann man oft schwer loswerden und manchmal sind sie sehr unangenehm. In einem solchen Fall sollte man sich von jemanden helfen lassen, der die Fähigkeit hat, mit solchen Dingen umzugehen, denn hier reichen die üblichen Feng-Shui-Maßnahmen nicht aus.

Dachgeschoßwohnung

Ist eine Wohnung im Dachgeschoß für sich abgeschlossen, ist das Zukunftsdenken ein anderes, als wenn wir drei Ebenen miteinander verbinden. Hier wird die Zukunft zur Gegenwart. Je nach ihrer Beschaffenheit zeigen jedoch die Dachschrägen, inwieweit wir Angst davor haben. Angst auch davor, uns selbst zu leben, und vor unserem höheren Bewußtsein.

Wir sind schon mit starken Zukunftsvisionen hier eingezogen, wollen mit der Vergangenheit absolut nichts mehr zu tun haben, und unser Denken dreht sich hauptsächlich darum, was wir tun werden. Wir tun das dann auch, für eine andere Zukunft. Thema ist der Übergang, der Wandel.

Mündet jedoch die Treppe unten direkt in die Haustür, wird dieses Ziel nicht erreicht. Die Energie geht verloren.

Weist der Baukörper ein **Fünfeck** auf (1), steht dies für die Bewußtheit des Menschen. **Viereck** (Materie) und **Dreieck** (Geist) werden getrennt voneinander empfunden (2).

Das Dreieck sollte unserem Geist angepaßt sein und muß daher relativ flach sein (3). Ist es zu steil, sucht die Unangepaßtheit anderswo einen Ausgleich. Die Natur gleicht immer aus. Nur erleben wir das in diesem Fall dann so, daß das Zuviel an Form durch die Substanz eines „anderen Geistes" aufgefüllt wird. Wir geben z. B. einerseits Verantwortung an eine höhere Macht über uns ab und andererseits ersetzen wir das Vakuum mit Ratio. Wir müssen das, denn die Form füllt sich zwangsläufig mit irgend etwas. Auch im Dreieck selbst können wir nicht leben, denn dieses ist der reine Geist. Wir stoßen uns zwangsläufig den Kopf und müssen ihm ein passendes Viereck hinzufügen.

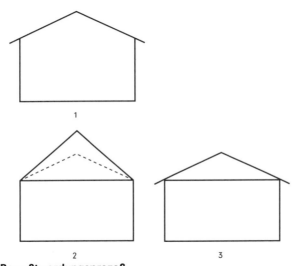

1 Bewußtwerdungsprozeß
2 Unausgewogenheit von Realität und unserer Bewußtheit
3 Ausgewogenheit von Realität und unserer Bewußtheit

Das „halbherzige" Hochziehen der Dachkonstruktion, um darin eine Wohnung unterzubringen, mit einem zu niederen Kniestock, kommt der zwingenden Aufforderung gleich: „Sei vernünftig und beuge dich den gegebenen äußeren Umständen".

Sehr oft ist der Kniestock nur etwa achtzig Zentimeter hoch, und wir müssen uns ab einer bestimmten Grenze (unsere Körpergröße) diesem Umstand beugen. Wenn wir uns diese Grenze „markieren", wird uns bewußt, wo wir unsere Grenzen haben. Wir grenzen damit den Raum, in dem wir aufrecht (stehend) leben und wohnen können, bewußt ab. Dies hat sehr viel Sinn, denn sonst ist es ja so, daß unser Blick ständig zwangsläufig und unbewußt der Wand entlang nach unten gleitet und unser Kopf sich beugt. Ein gesenktes Haupt entspricht einer mutlosen, ängstlichen, sorgenvollen Gesinnung und depressiven Gemütsverfassung. Genau diese werden im Laufe der Zeit langsam, aber sicher, zur Gewohnheit und beeinflussen unmerklich immer mehr unser Leben, und entsprechend wird sich dieses dann gestalten.

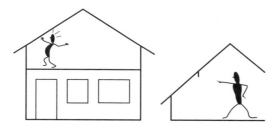

Spirituelle Realität   **Bewußte Abgrenzung**

Die bewußte Abgrenzung läßt sich leicht mit Farbe, Leisten, etc. in die Raumgestaltung miteinbeziehen oder sich mit dem nachträglichen Anbringen einer Fransenborte bewerkstelligen. Textilien haben die Eigenschaft, Energien festzuhalten (sie gleiten daran nicht so schnell wie auf einer glatten Fläche), weshalb Sie mit einer Fransenborte eine sehr große Wirkung erzielen. Besonders dann, wenn diese rot ist.

Souterrainwohnung

Hier ist die Situation, entgegen der im Obergeschoß (übergeordnetes Sein) mit Dachschrägen und Zukunftsangst, geprägt von der Vergangenheit (untergeordnetes Sein) und deren Ängsten. Es lastet ein ganzes Gebäude auf uns. Wir bekommen Kontakt zu unseren „unteren Bewußtseinsebenen". Sie wissen, wenn wir über den Dingen stehen wollen, müssen wir beide Seiten kennenlernen. So wie wir vor höheren Dimensionen Angst haben, haben wir dies auch vor niedrigeren Dimensionen. Wir brauchen viel Zeit (viele Leben), um sie zu bewältigen. Insofern kommen sie so lange immer wieder ins Leben, bis wir sie erledigt haben. In der Souterrainwohnung bewegen wir uns halb im Keller, also der Vergangenheit. Da befinden wir uns in einer Situation, wo die „Unterwelt" in der Gegenwart präsent wird. Je nachdem, wie alt das Haus ist, geht es entsprechend in die Vergangenheit zurück. Thema ist die Auflösung von Dingen, die einen noch in der Vergangenheit festhalten. Oft sind dies auch nur Teilbereiche, wenn das Haus z.B. auf einer leichten Hanglage steht.

Es hilft uns, wenn wir die Räume, besonders den Boden und die Decke, in hellen, freundlichen, warmen Farben halten und das Thema als Aufgabe nicht ablehnen sondern akzeptieren. Besonders wichtig ist es auch, sich mit vielen schönen Dingen zu umgeben, die eine starke lichtvolle Ausstrahlung haben, und uns helfen, Licht ins Dunkle zu bringen. Sie ziehen ebensolche Menschen ins Leben und schaffen einen Ausgleich zu den „unguten" Dingen, die jetzt unter Umständen besonders stark ins Bewußtsein und daher ins Leben drängen.

Hochhaus oder Wohnblock

Anstelle des Grundstückes bildet die Masse des Gebäudes das äußere Umfeld, und die Wohnung darin hat die Bedeutung des Hauses am Grundstück. Anstelle der Form des Grundrisses gilt die Form das Gebäudes. Die Gebäudeform ist, entgegen der des Einfamilienhauses, manchmal ausgesprochen ungewöhnlich. Meist ist sie zwar uniform bis aggressiv, doch gibt es auch Gebäude und Häuser, die einer Krake, einem Stern, einem Drachen oder einer Fledermaus oder sonstigem ähnlich sind. Wenn sie eine solche Qualität ausdrücken, dann werden die Menschen, die darin wohnen, davon betroffen sein. So wie das Grundstück für das Einfamilienhaus das gesellschaftliche Umfeld darstellt, tun das in diesem Fall die anderen Wohnungen des Hochhauses.

Auf dem Land ist das Zusammenleben noch natürlicher, weil persönlicher und freier, in der Stadt unpersönlicher und reservierter. Alles ist enger, die Nachbarn sind näher. Anstelle der äußeren Distanz setzen wir die innere. Aber selbst dazu haben wir bereits unsere Entsprechung, wie im weitesten Sinne schon für den Ort, die Gegend und das Land. Auch wenn die Wahl meist aus funktionalen Erwägungen heraus erfolgt, ist die Resonanz zutreffend. Immer wenn wir uns für etwas entscheiden, müssen wir uns gleichzeitig gegen etwas anderes entscheiden. Das, was wir dann haben, ist unser Thema. In diesem Fall: innere Freiheit und gleichzeitig Gemeinsamkeitsgefühl entwickeln.

Da wir im Hochhaus in der Regel auf einer Etage wohnen, ist das Leben gegenwartsbezogener, und doch hat die Alltagsrealität verschiedene Qualitäten. Die Bedeutung der Stockwerke ist ebenfalls dreigeteilt. Das untere Drittel repräsentiert die Basis der Gesellschaft, das sogenannte hart arbeitende Fußvolk. Das mittlere Drittel den gehobenen Mittelstand, Selbständige, Angestellte von Handel, Industrie und öffentlichen Institutionen, das mittlere Management. Diese Menschen verbinden ein schon leichteres Leben mit Sicherheit und Wohlstand. Je höher oben, desto mehr arbeitet man mit dem Kopf. Die obersten Etagen ziehen Menschen an, die über den anderen stehen wollen, sich über die eingrenzenden Normen der Gesellschaft hinwegsetzen und hoch hinaus wollen, Ideen und Träume haben, die sie schnell mit Hilfe der modernen Technik zu verwirklichen suchen. Die sogenannten Senkrechtstarter. Sie vergessen dabei allzu leicht die Abhängigkeit von der äußeren, künstlichen Aufstiegshilfe, z.B. dem Kredit, oder auch die Abhängigkeit vom Fahrstuhl im Haus, der technischen automatisierten Hilfe. Ohne Lift (und der verläßlichen Hilfe anderer) wären diese Stockwerke kaum erstrebenswert und lebbar. Hier ist das Leben daher eher unsicher. Es geht schnell hinauf, aber ebenso schnell hinunter. Der Wechsel ist schon vorgegeben. Hier ist es besonders wichtig, wie man mit dieser Tatsache umgeht, und sie bewußt in das Geschehen einkalkuliert. Es wird sich bald zeigen, inwieweit man wirklich „darüber" steht.

Die oberen Stockwerke lasten nicht umsonst auf den unteren. Diese tragen als Stütze unserer Gesellschaft die hohen Ansprüche und Träume und das damit verbundene Risiko mit. Das überstarke Zukunftsdenken (Zukunft wird zur Gegenwart) wirkt auch im Einfamilienhaus einschränkend, wenn sie mit zu steilen Dächern versehen sind. Die Menschen sind in der Realisierung Ihrer Träume auf andere Weise gehemmt. Ihr Zukunftsdenken bezieht sich auf ihr Sicherheitsbedürfnis und lastet auf ihnen selbst. Es ist das genaue Gegenteil zu den obersten Etagen im Hochhaus, denn hier lastet es auf anderen.

Für mehrstöckige Stadthäuser und Wohnblocks relativiert sich die sinngemäße Übertragung der Deutungen.

Darüber hinaus bekommen wir eine genauere Aussage von den Wohnungen oder Büros im Hochhaus über die Zahlenqualität der Stockwerke, die Wohnungsnummern und die Ausrichtung nach den Himmelsrichtungen. Alle diese Anhaltspunkte stehen in ihrer Deutung im Zusammenhang mit dem Thema des Grundrisses der Wohnung und unterstreichen es. Besonders die Qualität der Zahlen verhelfen zu einer klareren Definition eines Themas, aber sie verändern oder kreieren es nicht.

Haustypen im Zusammenhang mit dem Energiefluß

Die Gebäude werden mit drei Arten von Energie (Ch´i) versorgt:
Die **Erdenergie** kommt von unten und durchströmt das Haus. Sie stellt im übertragenen Sinn die Gefühlsenergie der Geborgenheit dar, des sicheren Seins.

Die **kosmische Energie** strömt von der Seite und von oben herein und stellt Gedankenenergien und Informationen dar.

Die **Lebensenergie** des Menschen kommt durch die Haustür und zeigt seine Qualität in dem Maß an Liebe und Wissen, die dieser Mensch imstande ist, in sein Leben und Arbeiten einzubringen.

Die Erdenergie (Yin = weiblicher Aspekt der Schöpfung) und die kosmische Energie (Yang = männlicher Aspekt der Schöpfung) sind in der Natur im ausgeglichenen Zustand vorhanden und ziehen sich in ihrer spezifischen Qualität durch alle Ebenen unseres Seins. Sie werden durch das menschliche Ch´i, unserem Bewußtsein, mehr oder weniger als Harmonie wahrgenommen und dementsprechend wird die Verbindung mit ihnen zum Ausdruck gebracht.

Die Hausformen haben nicht nur ihre bestimmte Aussage als solches sondern bestimmen auch die Art und Weise der Energieversorgung, die wiederum in Zusammenhang mit der Bedeutung der Aussage steht. Die Form bestimmt den Energiefluß, der Energiefluß kreiert die Form unseres Daseins. Die Hausformen entstehen aus unserem Bewußtsein heraus, dem menschlichen Ch´i, und zeigen hier die Unstimmigkeit oder die Konformität mit den natürlichen Gegebenheiten. Man muß in der Beurteilung der natürlichen Gegebenheit jedoch differenzieren. Oft verstehen wir unter „natürlichen Gegebenheiten" verallgemeinernd Harmonie. In größeren Zusammenhängen sind sie dann wohl harmonisch, im ersichtlichen und subjektiven Erleben für uns aber nicht unbedingt. Die Wüste zum Beispiel bildet ein harmonisches Biotop in sich und ist Teil eines harmonischen Gefüges der Erde. Für uns, zum Leben, stellt sie eine Disharmonie dar, weil ihr für unser Überleben wichtige ausgleichende Elemente fehlen. Da nützten selbst die besten Feng-Shui Maßnahmen nichts.

Der überwiegend vorkommende Baustil stellt das kollektive Bewußtsein eines Volkes dar. In diesem Sinne haben z.B. alle Menschen, die in einem bestimmten Gebäudekomplex arbeiten oder wohnen, ebenso wie die, die ihn geplant und errichtet und vor allem finanziert haben, oder sonstwie damit zu tun hatten oder haben, eine individuelle Beziehung zu ihm. Das gilt für das Einfamilienhaus am Land genau so wie für ein Hochhaus in der Stadt.

Abgesehen von ein paar ausgefallenen Formen, wie vorhin bereits erwähnt, werden je nach Kultur und „Sitte" bestimmte Formen im allgemeinen bevorzugt. Bei uns sind das hauptsächlich die Einfamilienhäuser mit Satteldach und die Hochhäuser mit Flachdach.

Aufgrund der Umstände, die zum Bau gerade dieses Gebäudes, auf eben diesem Platz, in genau der bestimmten Form geführt haben, wurde dem Gebäude ein bestimmter Charakter verliehen, der nun bestimmte Menschen anzieht, um darin zu arbeiten oder zu wohnen. Je nachdem, welche Bedeutung die Arbeit oder das Wohnen für sie hat, haben sie unbewußt mehr oder weniger Resonanz zu den baulichen Gegebenheiten.

Alle äußeren gegebenen und „künstlich" entstandenen Energiemuster beeinflussen einander und wirken so auch auf das Energiemuster der Menschen. Sie sinken mit der Zeit in das Bewußtsein der Menschen und beeinflussen bzw. verändern es.

Verändert man das äußere Muster, verändert sich analog dazu auch das Bewußtsein dieser Menschen und deren Leben. Unter Bewußtsein verstehen wir unser denkendes, fühlendes Sein. Es ist geprägt von allen Erfahrungen, die wir gemacht haben und die wir in unserer Einstellung zu den verschiedenen Themen des Lebens wiedergeben.

Ein **zu schräger Winkel** läßt die Energie spitz zulaufen. Je steiler er ist, desto schneller. Verbunden mit der Hausform ist er nach oben gerichtet und zieht so die Energien recht schnell nach oben ab. Sie stehen also dem Haus kaum zur Verfügung. Solche Häuser werden im Feng-Shui „kranke" Häuser genannt. Die Menschen müssen laufend von ihren eigenen Energien zuschießen und das laugt sie mit der Zeit aus. Es streßt und schwächt sie. Ihr Energiehaushalt gerät ins Ungleichgewicht und das Immunsystem wird angegriffen. Das macht sie anfällig für chronische und degenerative Krankheiten, trübt ihre Lebensfreude und senkt schließlich die Lebenserwartung. Da permanent zu wenig Energie zur Verfügung steht, müssen sie sich doppelt und dreifach anstrengen, um das zu erreichen, was sie wollen, oder um überhaupt nur den gewünschten Lebensstandard zu halten. Es ist ein Teufelskreis. Man könnte es als die Ironie des Schicksals bezeichnen: Gerade in einem solchen Haus, wo die Vorsorge für eine gesicherte und geruhsame Zukunft eine so große Rolle spielt, zielt alles darauf ab, daß wir im Alter krank und müde sind. Die Bauweise entspricht immer dem jeweiligen Gesellschaftssystem und dessen Kultur.

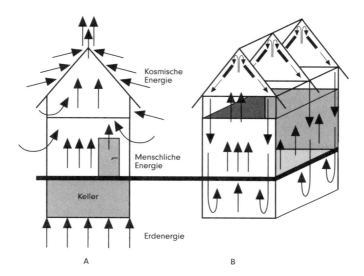

Kosmische
Energie

Menschliche
Energie

Keller

Erdenergie

A   B

A Typisches Einfamilienhaus mit drei Ebenen und zu steilem
   Satteldach, Energie fließt zu rasch und zieht nach oben ab.
B Lösung mit Flöten oder Rohre: Bringen Sie ca. einen halben
   Meter unter dem First links und rechts an den Firstbalken und ca. alle
   zwei Meter entlang dem First, Flöten (ca. 50 cm lang) oder Baustahlrohre
   (60 – 80 cm lang), rund, mit einem Durchmesser von 5 cm, oder Vierkant-
   rohre 4 x 6 cm an. Die aufsteigende Energie wird von den Rohren angezogen, und sie streicht dann entlang der Wände nach unten und steigt
   in der Mitte mit dem Aufwärtssog wieder hoch. Auf diese Art wird das
   Haus optimal mit Energie versorgt. Sie können diese Wirkung auch erzielen, wenn Sie den First mit einer Innenkehle abrunden.

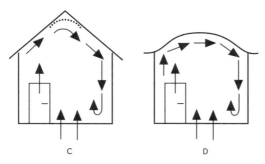

C   D

Lösung: **Lösung:**
Rundbogen innen   **abgerundeter Dachform**

Beim **Hochhaus** dagegen fließt die Erdenergie zu träge nach oben. Deswegen verlieren die Leute immer mehr den Sinn für die Realität. Sie sind „luftige Typen". Nicht weil etwa die Formen zu rund sind, denn das sind sie ja nicht, sondern weil durch die vielen waagrechten Linien das Hochfließen gestoppt wird. Wir würden das merken, wenn wir täglich zu Fuß den 10. Stock erklimmen wollten.

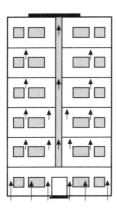

Hochhaus mit Flachdach: Erd-Energie fließt zu schwer und wird immer weniger (dünner). Dagegen strömt unsere Energie mit Hilfe des Liftes zu schnell

Steht das Haus auf einer steilen Hanglage, besteht die Gefahr, daß unser Leben von großen Mühen geplagt ist, wenn das Grundstück nicht flach ausläuft oder mit Sträuchern begrenzt wird. Die Erd-Energie (z.B. Geld) fließt zu schnell ab und steht uns daher zu wenig zur Verfügung, und das zwingt zu harter Arbeit. Wir müssen das Defizit mit der eigenen Energie auffüllen. Bei der steilen Hanglage ist es auch oft so, daß das Kellergeschoß von der anderen Hausseite zum Erdgeschoß wird. Hier erleben wir ein bestimmendes Thema der Vergangenheit im Verhältnis zu der Realität der Gegenwart, wenn die Wohnung von beiden Seiten zugänglich ist. Allerdings werden dann diese beiden Sichtweisen stark differieren und von daher schwierig zu vereinen sein.

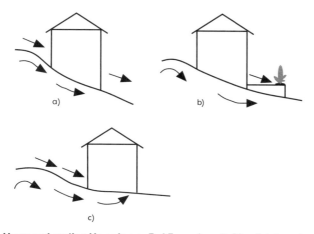

a) Haus auf steiler Hanglage, Erd-Energie mit Abwärtstrend
b) Erd-Energie wird mit bepflanzter Böschung aufgefangen
c) Günstiger Energiefluß mit einem natürlichen flachen Auslauf

Bei **Wohnblocks**, **Stadthäusern** und **Reihenhäusern** werden die Wohnungen nur von zwei Seiten mit kosmischer Energie versorgt, wenn sie sich mitten zwischen den anderen Häusern oder Wohnungen befinden. Manchmal geschieht das auch nur von einer Seite. Besonders die unteren Stockwerke sind dabei auch noch von oben her betroffen. Hier dringen eher die Energien der Nachbarwohnungen ein. Entsprechend wird die Wohnung oder das Haus dann hauptsächlich nur von einer bestimmten kosmi-

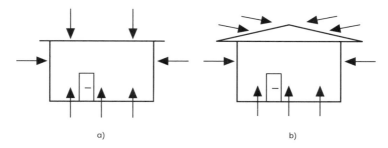

a) Bungalow mit Flachdach, kosmische Energie drückt gegen
   Erd-Energie
b) Bungalow mit leichtem Satteldach, Energiefluß ausgeglichen

schen Energiequalität beeinflußt. (Siehe: Energiequalität der Himmelsrichtungen)

Ein freistehendes Haus wird dagegen rundum mit kosmischer Energie versorgt. Das macht ausgeglichener und die Gesinnung beweglicher.

Fenster

Die Fenster stehen für die Augen und unsere Sichtweise.

Die „geistige" Lebensenergie des Menschen, die der Seele, fließt durch die Augen. Wir wollen daher mit den Menschen, mit denen wir kommunizieren Augenkontakt haben, denn hier findet der „wirkliche" Austausch statt. Bürotürme mit verspiegelten Sichtschutzfenster zeigen z.B. eine sehr ein-seitige Sichtweise und sie wirken daher abweisend. Die kosmische Energie prallt ab. Sie durchstrahlt sie nicht, sondern wird reflektiert. Es ist so, als trügen diese Gebäude verspiegelte Sonnenbrillen. Die Sicht nach draußen ist gewährleistet, aber die Ein-Sicht ist verwehrt. Man läßt sich nicht in die Karten schauen, so wie jemand, der bei einer Begegnung die verspiegelten Sonnenbrillen nicht abnimmt. Da die Hochhäuser ohnehin nur mangelhaft mit Erdenergie versorgt sind, gleicht dies zwar die Übermacht an kosmischer Energie in den oberen Etagen aus, doch herrscht ja nur deswegen daran ein Übermaß, weil zu wenig Erd-Energie vorhanden ist. Die verspiegelten Sichtschutzfenster reduzieren daher zusätzlich, wenn auch auf andere Art, die Energieversorgung. Diese Häuser sind dann oben ganz „kalt" und es fehlt ihnen die Energie zum Überleben. Sie sind absolut widernatürlich.

Sind die Fensterflächen im Verhältnis zur Tür zu groß, geht mehr Energie hinaus als hereinkommt. Auch dies stellt ein Ungleichgewicht dar. Es zeigt, daß sich unsere Sichtweise (der Horizont) zwar vergrößert hat, uns das aber nicht viel bringt. Man denke an die enorme Informationsflut, der wir alle ausgesetzt sind und die wir bei weitem nicht mehr verarbeiten können. Alleine das Sichten, kostet schon viel zu viel Energie, sprich Zeit.

Nur Energie, die uns zur Verfügung steht, können wir für unsere Verwirklichung einsetzen. Außerdem drückt auch die kosmische Energie zu blockartig in den Raum, zuviel auf einmal, und das tut uns auch nicht gut. Wir merken es am Tag, wenn es zu heiß wird, aber nicht in der Nacht, wenn die „finsteren Mächte" am Werk sind. Auch dann wird uns Energie entzogen.

Sitzen oder stehen wir beim Arbeiten so, daß unser Blick aus dem Fenster schweift, fließt unsere Energie nach draußen. Je nachdem wie weit der Blick reicht, verliert sie sich irgendwo in der Ferne und unsere Gedanken eilen dorthin, oder wir beschäftigen uns auch im Leben mehr mit unserem Umfeld, den anderen, als mit uns selbst. Richten wir uns so ein, daß der Blick in den Raum geht, beschäftigen wir uns mehr mit unseren eigenen Angelegenheiten oder mit denen unserer Firma. Wir sollten beides im Auge haben, um zu sehen, d.h. wahrzunehmen, was drinnen ist und was sich draußen tut. Viele Firmen sind sich nicht bewußt, wie sehr sie sich schaden, nur weil sie die Schreibtische ihrer Mitarbeiter falsch anordnen. Auch im privaten Bereich würden sich die Menschen wundern, wie sehr sich ihr Leben wandelt, wenn sie Zuhause ihre hauptsächliche Blickrichtung (Energiefluß) verändern.

Eine der wichtigsten Feng-Shui Praktiken ist daher das Korrigieren mit den sogenannten „Blickfängen", um Energien so zu lenken, daß sie unser Bewußtsein günstig beeinflussen.

Einen wie immer gearteten Blickfang (also in Augenhöhe!) sollte man daher in zu große Fenster hängen. Das betrifft auch Dachflächenfenster und Oberlichten. Es kann dafür ein Mobile verwendet werden, eine geschliffene Kristallkugel oder eine Pflanze.

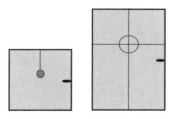

Hat das Fenster Sprossen, ersetzt dessen Kreuzung in Augenhöhe den Blickfang. Ergeben die Sprossen jedoch ein ungleichschenkeliges Kreuz, bringen Sie in dessen Mitte einen Kranz an.
Der Kreis fängt dann dieses Ungleichgewicht auf.

Befinden sich zwei Fenster knapp nebeneinander mit einem
Mauerteil dazwischen, ist es, als ob wir schielen.

Bei Gaupenfenstern geht der Blick eines Auges nach
draußen, der andere bleibt an der Schräge daneben hängen
und gleitet nach unten. Ein lachendes und ein weinendes Auge
und eine entsprechende innere Verfassung sind die Folge. Bei
zwei oder mehreren Gaupenfenstern in einem Raum baden wir
geradezu in einem Wechselspiel der Sichtweisen. Mal optimi-
stisch träumend, mal zu Tode betrübt und das in sehr kurzen Abständen.

Türen

Im übertragenen Sinn der Mund, stehen Türen für Aufnahme und
Abgabe, Aussage, Meinung. Klemmt eine Tür oder geht sie nicht
ganz auf, weil verstellt, zeigt das eine Hemmung, seine Meinung
zum Ausdruck zu bringen, bzw. z.B. in eine Gesprächsrunde einzubringen. Man sollte dafür sorgen, daß die Türen leicht schwingen, gut schließen und nicht „knirschen".

Die Haupteingangstür sollte am größten sein. Sie zeigt unsere
Gesinnung, die in ihrer Größe und Gestaltung zum Ausdruck
kommt. Im übrigen gilt, je kleiner der Raum ist, umso kleiner
kann die Tür im Verhältnis zu den anderen Türen sein.

Tür nach links aufgehend: Unsere Energie fließt links herum
(rechte Gehirnhälfte), man denkt und fühlt in Bildern, erfaßt
ganzheitlich, ist kreativ, intuitiv, geht in die Tiefe und spricht gefühlsmäßig auf Rhythmen an, partnerschaftsorientiert (sich gemeinsam eine existenzielle Grundlage schaffen). Es ist mehr die
Gefühlsebene, durch die wir an uns selbst herankommen.

Tür nach rechts aufgehend: Unsere Energie fließt rechts herum
(linke Gehirnhälfte), man denkt analytisch, eins nach dem anderen, logisch, eher der Mathematik und Sprache zugeneigt, ver-

nunftorientiert (eigene existenzielle Grundlage wichtig als Basis für eine Partnerschaft). Es ist mehr die intellektuelle Seite, über die wir das Leben verstehen lernen.

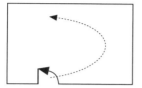 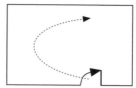

Als Gesamterscheinung sind wir entweder links oder rechts gepolt, bzw. gefühls- oder vernunftbetont, doch kann eine bestimmte Lebenssituation es erfordern, daß wir zeitweise die gegenteilige Anlage mehr leben.

Die Haupteingangstür ist dabei bestimmender und die weiteren Türen, die dann in die einzelnen Räume führen, zeigen die Ausgewogenheit an. Auch Schiebe- oder Falttüren werden entweder mit der linken oder mit der rechten Hand in die jeweilige Richtung geöffnet. Bei Flügeltüren ist fast immer ein Teil fixiert, wodurch sie dieselbe Deutung bekommen, es sei denn, sie werden wirklich gleichzeitig betätigt. Zum Beispiel sehen wir das oft in den Westernfilmen, wenn der Held den Saloon betritt, und es scheinbar gefährlich war einzutreten. Der Mann vertraut dann nicht nur seinem Verstand, sondern auch ebensosehr dem Instinkt. Bei Klapptüren an der Decke, fällt einem sozusagen die eigene Meinung auf den Kopf, wenn man nicht aufpaßt.

Eine Tür sollte sich stets in den Raum hinein öffnen, denn die Energie soll ja hineinfließen. Öffnet sie sich nach außen, stellt das eine Blockade dar. Es ist eine kleine unbewußte Hemmung, die wir jedesmal überwinden müssen. Wir müssen zuerst um die Tür herumgehen, bevor wir in den Raum gelangen. Sind wir drinnen, besteht der Trend nach draußen. Öffnet sich eine Tür nicht in den Raum hinein, hat man Hemmung eine bestimmte Sache anzunehmen, ihr Energie (z.B. Vertrauen) zu geben.

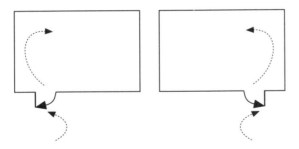

Fenster und Türen wie auch Türen und Türen sollten einander nicht gegenüberliegen. Die Energie fließt direkt von einer Öffnung zur anderen durch, ohne den Raum zu versorgen. Auch dies wird mit einem Blickfang im Fenster/Tür, oder mit einer Ablenkung dazwischen, behoben.

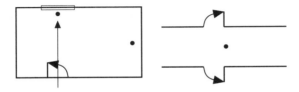

Liegen Türen einander versetzt gegenüber, zeigen sie ein „Aneinander-vorbei-reden" an. Der eine kann den anderen nicht verstehen und läßt dessen Meinung nicht gelten. Verbaler Streit oder Widerstreit in sich. Dies kann man ausgleichen, indem man mit Spiegeln symbolisch und optisch beide Türen (Meinungen) gleich groß und damit gleichwertig macht. Wenn das technisch nicht machbar ist, gleicht man anstelle der Spiegel mit schönen, erheiternden und auffälligen Motiven an der Wand aus. Und zwar an dem Platz, an dem sich sonst die Verspiegelung befände. Manchmal ist es nicht ratsam, die Größe der Türen auszugleichen und zwar dann, wenn eine der Türen in einen kleinen Raum führt, besonders dann, wenn dies Bad oder Toilette sind.

Im übertragenen Sinn stellen die zwei äußeren Widersprüche (versetzt angeordnete Türen) Widersprüche in uns selbst dar, nämlich dann, wenn wir zum Beispiel über etwas eine bestimmte

Meinung haben und gleichzeitig auch eine andere, oder wenn Herz und Verstand nicht im Einklang sind.

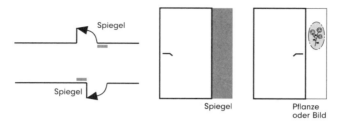

Spiegel

Spiegel

Spiegel

Pflanze oder Bild

Ausrichtung

Die Ausrichtung eines Hauses, einer Wohnung oder eines Geschäftes ergibt sich aus der Blickrichtung, mit der Sie die Räumlichkeiten betreten. Sie sehen dabei in Richtung Osten, Westen, Süden oder Norden, oder zwischen die vier Hauptrichtungen. Sie gehen also auf eine bestimmte Qualität der Himmelsrichtungen zu, und die entspricht grundsätzlich Ihrem Wesen, Ihrer Aufgabe, Ihrem Thema, wenn sie mit Ihren Geburtsdaten oder persönlichen Zahlen übereinstimmt, ebenso, wenn Ihre persönlichen Daten mit der Hausnummer harmonieren oder mit der Gegend, dem Land, dem Ort. Natürlich läuft alles leichter im Leben, wenn man in Gegebenheiten eingebunden ist, mit denen man gut harmoniert, und man sollte daher nach Möglichkeit darauf achten, bevor man umzieht. Schon bestehenden Situationen muß man sich eben so gut es geht anpassen und das Beste daraus machen. Eine solche Situation hat auf jeden Fall ihren Sinn, und hilft Ihnen sich dahin zu entwickeln, wo Sie sein wollen und sollen.

Sehr oft ist die Ausrichtung nicht ganz stimmig. Vor allem im geschäftlichen Bereich stimmt sie manchmal nicht mit der Tätigkeit überein, die man ausübt. Eine solche „Disharmonie" ist vorhanden, wenn zum Beispiel die Ausrichtung nach Süden ist, also Aktivität und Nach-außen-gehen, ihre Arbeit aber eine, die der Stille und Einkehr bedarf. Dann ist demnach die Südausrichtung genau das Gegenteilige. Dasselbe ist, wenn Ihr Schlafzimmer im

Süden liegt, anstatt im Norden oder Osten. Objektiv gesehen entspricht es dann nicht der Tätigkeit, aber es entspricht immer Ihrem subjektiven Bewußtsein und fördert Ihre Selbsterkenntnis. Nun können Sie die Himmelsrichtung nicht ändern, aber Ihre Einstellung zu einer Sache. Es hilft Ihnen, wenn Sie die Qualität der passenden Himmelsrichtung mit den entsprechenden Farben oder Formen in den Raum einbringen. Es könnte aber dann auch sein, daß Sie feststellen, daß die Art der Arbeit einfach nicht zu Ihnen paßt, ein Ortswechsel ansteht, oder Ihnen der Inhalt der Partnerschaft nicht gemäß ist.

Eingangsbereich

Der Haupteingangsbereich sollte möglichst freundlich und einladend sein, stellt er doch - wie bereits bei der Eingangstür erwähnt - unsere Gesinnung und zudem Aufnahmebereitschaft dar. Hat er ein zu niedriges, drückendes Vordach oder einen solchen Windfang, dann drückt das schon die Stimmung im Vorfeld. Die Überdachung sollte daher etwas höher angesetzt sein und nicht flach, sondern leicht gewinkelt oder besser noch gewölbt sein.

Öffnet sich die Tür zu einer Wand, bremst diese die Energie im Hineinfließen. Handelt es sich dabei um einen schmalen Flur, sollten Sie diese Wand eventuell verspiegeln. Bei einem Zimmer genügt ein kleiner Spiegel in Kopfhöhe an der Wand.
Der Spiegel vergrößert dann den Eingangsbereich und leitet außerdem die Energie weiter.

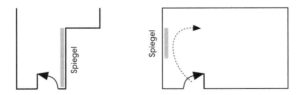

Treppen

Mit den Treppen verbinden wir die unterschiedlichen Ebenen. Je nachdem, wie sie gestaltet sind, fällt uns das leichter oder ist beschwerlich. Immer aber sollte ihre Anzahl eine ungerade Zahl sein. Der verbindende Charakter einer Treppe entspricht den dynamischen ungeraden Zahlen. Gerade Zahlen sind passiv und daher ein Widerspruch.

Führt eine Treppe steil nach oben, und ist sie eng, und sind die Wände glatt, rutscht man leicht aus, und die Unfallgefahr ist groß. Ebenso verhält es sich mit unserer Energie. Sie fließt nur schwerlich nach oben, gleitet aber umso leichter nach unten weg. Hängen Sie abwechselnd einmal links und dann wieder rechts an die Wand ein möglichst dreidimensionales Bild (Gesteck, Fächer, etc.), das einerseits der Energie hilft hochzusteigen, andererseits das zu schnelle Abfließen verhindert. Dies ist vor allem ratsam, wenn die Treppe unten in die Haustür mündet. Sie können auch, wenn möglich, oben an der der Treppe gegenüberliegenden Wand einen Spiegel anbringen, der ebenfalls hilft, Energie hochzuziehen. Dasselbe gilt im Prinzip für offene Treppen (Treppen ohne Stirnseite). Die Energie stürzt sonst ständig ab, während Sie hochsteigen. Sie merken es, wenn Sie beobachten, wie Sie beim Hinaufgehen unbewußt gleichzeitig durch die Treppen nach unten schauen.

Befinden sich die Treppen außerhalb der eigentlichen Wohnung, ist das vorhin beschriebene Denken auf mehreren Ebenen komplizierter, umständlicher und differenzierter. Befinden sie sich direkt im Wohnraum, zeigt es, daß das Wechseln der Ebenen flüssig und schnell geht und in den Alltag relativ problemlos integriert wird. Es sei denn, es handelt sich um Wendeltreppen.

Eine Wendeltreppe verursacht immer ein leichtes Schwindelgefühl. Beachten Sie die Analogie zu unserem Bewußtsein. Sie bohrt sich wie ein Korkenzieher in den Baukörper und bedeutet einen bohrenden Schmerz oder bohrende Gedanken, die die Zukunft betreffen, wenn sie sich vom Erdgeschoß aus gesehen links herum in das obere Stockwerk windet, und sie betrifft die Vergangenheit, wenn sie sich rechts herum nach unten in den Keller dreht. Führt sie linksherum hinauf, zieht es einen regelrecht nach oben, genau wie es gleich einem Sog rechtsherum hinuntergeht. Man hat das Bedürfnis, sich festzuhalten, weil man sonst ausrutscht. Führt die Wendeltreppe rechtsherum hinauf und linksherum hinunter, ist es immer, als müßte man einen Widerstand überwinden. Man stolpert leicht und muß sich deswegen festhalten. Versuchen Sie einmal ohne sich zu festzuhalten eine Wendeltreppe zu überwinden, wenn Sie gleichzeitig in beiden Hände etwas tragen! Linksherum nach oben wirkt sie wie eine schmerzliche Offenbarung, rechtsherum nach oben wie eine schmerzliche Gewißheit. Führt sie in den Keller, ist es genau umgekehrt. Linksherum widerstrebende Ahnung, rechtsherum Angst. Sicher handelt es sich um Begebenheiten aus der Vergangenheit oder um Befürchtungen die Zukunft betreffend, immer aber geht es auch um das Unter-bzw. Überbewußtsein.

Hier gleichen wir am besten aus, indem wir je nach den räumlichen Gegebenheiten wie oben korrigieren und zusätzlich den Handlauf und den Mittelpfeiler entgegen dem Verlauf der Treppen mit einer grünen Schleife umwickeln. Stellen Sie unter die Treppe eine schöne Pflanze oder ein Gesteck und beleuchten Sie die Wendeltreppe von oben her sehr gut.

Stufen als Niveauunterschiede auf einer Ebene

Stufen auf einer Ebene sollte man generell vermeiden. Sie sind Stolperfallen. Manchmal sind sie baulich bedingt, doch oft bauen wir sie uns zusätzlich ein, weil wir einen bestimmten Bereich hervorheben, unterstreichen oder begrenzen wollen. Wenn, dann sollten es drei sein. Die Drei, mit ihrer verbindenden Qualität, hilft die unbewußte Barriere überwinden.

Eine Stufe übersieht man leicht, bei zwei und vier fehlt eine, weil dies passive Zahlen sind, Stufen und Treppen aber vom Wesen her aktiv sind. Sind es mehrere Stufen, wird das „Unterstreichen" zum Hochmut, die Abgrenzung zur Abwehr und der Niveauunterschied zur Auf-oder Abwertung.

Lösungen: Wenn Sie eine Stufe haben, dann heben Sie sie deutlich (eventuell farblich) hervor. Bei zwei Stufen setzen Sie symbolisch eine dazu damit sie drei werden. Deuten Sie zu diesem Zweck eine weitere Stufe am unteren Ansatz an, indem Sie sie zum Beispiel etwas größer als die beiden vorhergehenden Stufen auf den Boden malen, oder gestalten Sie diesen Ansatz auffällig, indem Sie ihn farblich abgrenzen. Bei vier Stufen machen Sie dasselbe am oberen Auftritt. Bei sechs oder acht Stufen verfahren Sie ebenso. Darüber hinaus erübrigt sich jede Korrektur.

Fensterlose Räume

Bei einem fensterlosen Raum wird der Energiefluß gestaut. Die Energie kann nicht durchfließen. Sie strömt uns jedesmal entgegen, wenn wir die Tür öffnen. Bei Bad und WC und manchmal auch bei der Küche ist dann ein künstlicher Abzug vorhanden. Dies ist ein Notbehelf und verhindert wenigstens einen Energiestau. Der Durchfluß wird damit erzwungen. Bei Abstellräumen ist das meistens nicht der Fall. Ist ein Abstellraum noch dazu unter einer Treppe oder unter Dach und hat eine schräge Decke, wo das Energieniveau ohnehin schon niedrig ist, dann entsteht durch den Stau eine Verdichtung ungünstiger Energie-Qualität. In diesem Milieu bilden sich entsprechende Energieformen, die gleiche oder ähnliche anziehen. Es siedeln sich dann hier unter Umständen ungute „Geister" an. Geht die Tür nach außen auf, drängt es sie nach draußen. Es gibt keinen Raum, der leer bleibt. Er füllt sich auf jeden Fall mit irgend etwas. Je nach den Gegebenheit sollte man entweder einen künstlichen Abzug einbauen oder durch das Aufmalen eines Fensters symbolisch für einen Durchzug sorgen. Das Fenster (kann auch ein Fensterposter sein) sollte in diesem Fall nach außen geöffnet dargestellt werden. Zusätzlich kann man in besonders ungünstigen Fällen den Raum weiß streichen, die Wände glatt halten und eventuell mit Silberfolie verkleiden. Ist die Energie „sauber", kann man auch ein Lüftungssieb in der Tür einlassen.

Sehr ungünstig wirkt sich ein fensterloser Raum als begehbarer Kleiderschrank aus. Dies deshalb, weil wir mit den Kleidern fremde Energien nach Hause bringen und Energie überhaupt in Textilien lange haften bleibt.

Ecken im Raum

Sind die Kanten nicht gerundet, dann können sie mit Leisten nachträglich abgerundet werden, oder man stellt eine Pflanze davor (Körpergröße), oder hängt eine Topfpflanze in Kopfhöhe auf. Sie können auch ein voluminöses Mobile, ein rundes Klangspiel oder eine Kristallkugel mit Facettenschliff und einem Durchmesser von mindestens 7 cm davor hängen. Kleine Ecken, die in den Raum ragen, z.B. vom Kamin, könnte man auch komplett verspiegeln. Sorgen Sie dann aber dafür, daß die Kanten mit runden oder profilierten Holzleisten versehen werden.

Pfeiler

Abgesehen von scharfen Kanten, die Sie wie oben beschrieben korrigieren können, strahlen Pfeiler auch die Energie des „Ich-habe-schwer-zu-tragen" aus und sollten sich daher möglichst nicht im Wohnbereich, am wenigsten im Schlafzimmer, befinden. Wenn sie aber da sind, ist es ebenfalls gut, sie zu verspiegeln oder sie rund zu gestalten.

Raumhöhe

Die Raumhöhe mit den bei uns üblichen 250 cm sollte mindestens überall gegeben sein. Ist der Raum höher, ist das kein Fehler. Ist er niedriger, müssen der Fußboden und die Decke hell gehalten werden, auf jeden Fall heller als die Wände. Sie können damit den Raum optisch strecken. Die Raumhöhe stellt Ihre geistige Freiheit dar.

Balken

Sehr oft wird eine ohnehin schon niedrige Raumhöhe noch mit Balken versehen. Betrifft beim Pfeiler das „Ich-habe-schwer-zu-tragen" die Senkrechte (Yang-Kraft), so ist es bei den Balken die Waagrechte (Yin-Kraft). Eigentlich ist die Aussage die, daß der Pfeiler oder die Balken Schweres tragen können, sonst würde ja die Decke einstürzen. Das ist uns auch bewußt, und deshalb wird aus dem „Können" mit der Zeit ein „Muß". Mit der Einwirkung dieser Energieschwingung auf unser Bewußtsein wird oder ist das Leben zwangsläufig schwer. Mit der Zeit gräbt sich das so sehr in das Bewußtsein, daß es im Körper und im Gesicht zum Ausdruck kommt. Neigen wir ohnehin schon zu dieser Ansicht, dann bauen wir uns solche Schikanen oft künstlich ein. Die Balken haben dann gar keine wirklich tragende Funktion. Sollte das der Fall sein, sollten Sie sie entfernen. Sie haben nämlich auch die Eigenschaft, den Energiefluß zu unterbrechen und zu stauen. Deshalb tun wir gut daran, die Balken auf jeden Fall farblich der Decke anzugleichen (meist sind sie ja auch noch in dunkler Farbe) oder wenn möglich mit hellen Stoffbahnen zu verkleiden, so daß eine Art Wolkendecke entsteht. Man könnte den Zwischenraum auch mit Material (Dichtungswolle) füllen und verkleiden, damit keine Balken mehr sichtbar sind.

Unterzüge

Befindet sich ein Unterzug (eine Stufe in der Decke) im Raum, behandelt man die Ecken gleich wie vorher schon beschrieben, und um den Energiestau zu beheben, verwendet man Flöten oder Pflanzen, die die Energie weiterleiten. Sie können auch Lichterketten verwenden.

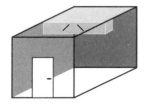 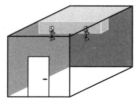

Offener Kamin

Eine offene Feuerstelle in der Wohnung „heizt" uns richtig ein. Wir versorgen einen bestimmten Lebensbereich mit zusätzlicher Energie. Das heißt, wir legen zu. Ist der Kamin aber nicht beheizt, dann entzieht er uns ungewollt kostbare Energie. Rohre haben es an sich, daß sie Energie anziehen. In diesem Fall geht sie nach oben ab. Wir verlieren sie wiederum an eine höhere Macht. Das Schicksal, wenn man es so nennen will. Es ist wie ein vergebliches Hoffen auf Glück. Vergeblich deswegen, weil unser Blick ständig von dem schwarzen Loch (der Feuerstelle) angezogen wird, was darauf hindeutet, daß uns etwas Sorgen macht. Der Blick geht nach unten, und da ist es düster, und dann zieht er nach oben ab. Heizen wir ein, verbrennen die Sorgen und wir fühlen uns wohl. Feuer ist ein (be)reinigendes Element. Sorgen wir nicht selbst dafür, bleibt nur die Hoffnung, aber die verweht im Wind. Sie sollten daher, wenn Sie den Kamin nicht beheizen, eine große voluminöse Pflanze davor stellen und oben an der Verkleidung oder am Verputz in Augenhöhe einen kräftigen positiven Blickfang anbringen. Oder Sie stellen einen Spiegel davor, leicht nach hinten geneigt, so daß er ihren Oberkörper und das Gesicht spiegelt, dann schützt Sie das vor falschen Hoffnungen.

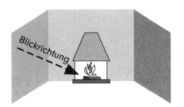 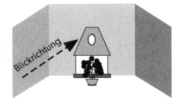

Toilette

Bei der Toilette ist es umgekehrt. Hier wird durch den Abfluß unser Blick eingefangen und nach unten abgezogen. Das Thema ist Loslassen, was wir nicht mehr brauchen.

Ist die WC-Muschel so situiert, daß sie von der Tür aus unmittelbar gesehen wird, dann ist das Loslassen so sehr zwingend und schnell, daß wir keine Chance haben zu überlegen, welche Bewußtseinsinhalte das Loslassen-sollen betrifft. Wir verlieren und müssen loslassen, was wir gar nicht wollen. Es kommt einem Durchfall gleich. Da wir das unbewußt spüren, halten wir krampfhaft zurück und das Hergeben wird schmerzhaft. Dies geschieht nicht nur auf der körperlichen Ebene, sondern ist auch auf den Lebensbereich übertragbar, in dem sich das WC befindet. Besonders im Bad ist das tückisch, da wir uns da auch aufhalten, ohne daß wir „müssen", aber trotzdem automatisch immer auf das WC schauen, wenn wir eintreten. Man sollte deshalb wenigstens den Deckel zu machen.

Lösung: Je nach Situation ist es angebracht, entweder eine kleine Mauer so zu errichten, daß man das WC beim Eintreten nicht mehr unmittelbar vor Augen hat, oder dies mit einer Handtuchstange bewerkstelligen, und wenn das auch nicht geht, sollte man eine Kristallkugel mit farbigen Band oder ein Mobile knapp vor dem WC in Körpergröße aufhängen, um so den Blick zu fangen. Läßt sich das ebenfalls nicht machen, hängen Sie ein ganz kleines Klangspiel oberhalb der Tür auf und zwar so, daß ein leiser heller Klang ertönt, wenn die Tür geöffnet wird. Durch das akustische Signal „denken" Sie automatisch nach oben. Das Loslassen verliert seine Zwanghaftigkeit. Dadurch wird dieser Prozeß annehmbar und unterstützt unsere Weiterentwicklung.

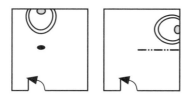

Handelt es sich um ein separates WC, verrät es sich oft schon durch die Art seiner Tür. Ist sie zu auffällig, befindet sie sich gegenüber der Küche, in direkter Linie von der Wohnungseingangstür oder gar zum Schlafzimmer, sollten Sie den Energiefluß umleiten. In Ausnahmefällen kann man auch verspiegeln.

Loggia

Eine Loggia ist ein Raum, der im Freien ist, weil eine oder zwei Seiten offen sind. Dieser Raum ist daher nicht immer benutzbar, d.h. bewohnbar, sondern nur, wenn es draußen warm und trocken ist. Man ist also diesbezüglich von „oben" und von „draußen" abhängig. Gleizeitig stellt sie einen gewissen Freiraum dar und einen Lebensbereich, in dem wir uns nach außen öffnen und hier zusätzlich Energie aufnehmen. Begrenzen Sie ihn, wenn irgend möglich mit diversen Blickfängen in der Höhe Ihrer Körpergröße (Mobiles oder Hängepflanzen) und (be)schützen Sie damit diesen Bereich. Hier sind Sie sonst verwundbar. Gleichzeitig erreichen Sie dadurch, daß Ihre Energie sich nicht verliert.

Balkon

Anders ist es beim Balkon. Er reicht über den Grundriß hinaus und stellt eine Verstärkung in der Öffentlichkeit dar. Auch er ist nur benutzbar und bringt was, wenn einem die „Öffentlichkeit" hold ist. Dies gilt im stärkeren Ausmaß als bei der Loggia, was aber nicht schlimm ist, denn der Balkon ist ja ohnehin ein Zusatz, die Loggia nicht. Sie ist in den Grundriß integriert und gilt daher als halb verlorener Raum.

Erker

Der Erker ist auch ein Zusatz, und wenn er noch dazu eine Achteckform andeutet, ein sehr glückbringender. Günstig ist auch eine halbrunde Form.

Wintergarten

Beim Wintergarten ist dies meist nicht der Fall, weil er fast ausschließlich Fensterflächen hat. Man sitzt wie im Schaufenster im

Freien. Es ist eine paradoxe Situation. Man ist in der „Natur" draußen und doch in einem umschlossenen Raum. Das ist widernatürlich und tut uns nicht gut. Es ist ein verständlicher Versuch schlechtes Wetter auszugleichen, doch sitzen wir permanent im Durchzug und die kosmische Energie drückt zu stark herein. Sie wird sozusagen vom Raum eingefangen, kann sich aber nicht auf natürliche Art verteilen und mit der Erdenergie vereinen wie draußen im Freien. Bei Sonnenschein merken wir das, in der Nacht nicht. Einen möglichen Schutz bieten Rollos, und außerdem müssen wir uns noch mit Pflanzen behelfen. Einen besonders schönen Effekt haben hier die Bleikristallkugeln mit Facettenschliff. Sie brechen das einfallende Sonnenlicht und zaubern das leuchtende Spektrum der Regenbogenfarben in den Raum.

Garage

Steht die Garage separat, steht sie in ihrer Aussage einfach für den Schutz unserer technischen schnellen Fortbewegungshilfe. Wird sie jedoch an das Haus angebaut, so daß eine Hauswand gleichzeitig eine Garagenwand ist, verändert sie den Grundriß des Hauses, seine Aussagen und damit unser Leben. In der Regel entsteht dann ein fehlender Bereich, und unser Leben gerät aus dem Gleichgewicht. Damit kann uns die Aufbewahrung dieses technischen Hilfsmittels teuer zu stehen kommen.

Um hier auszugleichen, sollten wir die Grundrißlinien wieder zu einer ausgeglichenen Form schließen. Man kann das durch die Gartengestaltung erreichen oder indem man sich die fehlende Ecke mit einem auffallenden oder gewichtigen Gegenstand (z.B. Laternenpfahl, Fahnenstange, Skulptur, Felsbrocken, Baum, etc.) markiert.

Auch bei der Garage sollten Sie dafür sorgen, daß sie ein Fenster hat. Ebenso in einem Gartengeräteschuppen. Im Notfall aufmalen!

Die Umgebung

Das, was wir in der Umgebung vorfinden, zieht sich in seiner Qualität bis in die Räumlichkeiten hinein. Sie werden es unmittelbar zu spüren bekommen. Es ist wie bei den Wellen, die, von einem Schiff ausgelöst, ans Ufer rollen. Schenken Sie daher der Umgebung die gleiche Beachtung als einer Wohnung oder dem Haus, wenn Sie gerade auf Wohnungssuche sind. Ist die Umgebung ruhig und ausgeglichen, wird auch in Ihrer Wohnung nicht vieles sein, das Ihr Wohlgefühl stark beeinträchtigt und sie wesentlich stören könnte.

Bei Einfamilienhäusern in einer Siedlung, stören die Nachbarhäuser, wenn sie schräg zu Ihrem Haus stehen und wenn dadurch deren Ecken oder die spitzen Dachgiebeln auf Ihr Haus zeigen. Besonders unangenehm trifft es Sie, wenn diese auf Ihre Eingangstür gerichtet sind. Je näher sie stehen, desto direkter die Auswirkung. Dies zeigt Aggression an und stört ein friedliches Zusammenleben, denn umgekehrt zeigen ja dann auch die Ecken Ihres Hauses auf ein Nachbarhaus.

Meistens ist uns nicht bewußt, daß wir selber auch aggressiv sind. Wir tragen Ungeduld, Wut und Enttäuschungen in uns, die in der Form der Bauten und deren Ausrichtung in einer Siedlung zum Ausdruck kommen. In einem solchen Fall wundern wir uns dann, wenn sich die Menschen, die darin wohnen, ebenfalls bald aggressiv verhalten. Selbst wenn mit den besten Absichten baubiologisch gesunde Häuser gebaut werden, weist heute oft die Form auf massive innere Konflikte hin. Wir merken es nur beim Nachbarn. Einmal sah ich in einer neuen Ökosiedlung viele mehrstöckige Häuser kreuz und quer und ganz eng beieinander stehen, und sie waren so reichlich mit hinausragenden spitzen Ecken und Kanten und Giebeln bestückt, daß sie aussahen, als wollten sie sich zanken und gegenseitig einander drohen. Ein anderes Mal sah ich eine Siedlung an einem sehr windigen und ungeschützten Hügel, und alle Dächer liefen einseitig schräg nach oben, als stünden den Häusern die Haare zu Berge. Besonders junge Leute werden von einer solchen Atmosphäre ungünstig beeinflußt. Manche Hausformen verführen uns mit ihrer Andersartigkeit. Das gilt auch für so manches extravagante, aber aggressive Wohn- und Bürogebäude.

In den meisten Fällen ist es nicht ratsam oder ohnehin nicht möglich, sich hier mit dem Pflanzen von Bäumen als Schutz zu behelfen, es sei denn, das Grundstück ist groß genug, und man kann sie an die Grundgrenze setzen. Sonst stehen sie zu nahe am Haus und wachsen schnell zu einer Größe, die wiederum beeinträchtigend wirkt. Hier können wir mit den Formen der Fünf Elemente ausgleichend wirken. Dazu bedarf es allerdings schon größerer Erfahrung und auch Intuition. Sie müssen eine übergewichtige Form der Umgebung einem Element zuordnen. Bei der aggressiven Umgebung spitzer Häuser z.B. stellen diese ein übergewichtiges Feuerelement dar. Das bringen Sie für sich in die richtige Relation, wenn Sie symbolisch eine ausgewogene Komposition der Elemente „Holz", „Feuer" und „Erde" nachvollziehen und diese in Ihr Fenster stellen. Das „Feuer" muß in diesem Fall in der Mitte sein, denn es muß ja ein ausgewogenes Verhältnis dargestellt werden. Sie stellen damit in der Wirkung auf Sie den kreativen Zyklus her, der Ihre Sichtweise (siehe Fenster - Augen) verändert und Ihre Wohnung davor schützen soll, daß diese Aggressionen durch das Fenster in Ihre Wohnung kommen. Diese Zusammenstellung soll so groß sein, daß sie Ihren Blick fängt und das übermächtige „Feuer" damit in den Hintergrund drängt. Oder Sie schließen das Feuerelement, wenn es nicht zu übergewichtig ist, in ein passendes Arrangement am Fenster ein: Links eine Pflanze für das Element „Holz" und rechts einen Würfel für das Element „Erde". Dazwischen befindet sich dann der Giebel des Nachbarhauses oder eine Ecke. Verstärken können Sie noch mit den Farben Grün und Sonnengelb.

Einfacher können wir uns mit Spiegeln außen am Haus behelfen. Am besten verwenden Sie achteckige Feng-Shui-Spiegel oder runde. Wenn wir die Aggression einfach zurückspiegeln, heben wir sie damit nicht auf. Die Achteckform steht für eine gedeihliche achtsame Entwicklung und wandelt die Aggression um, eine runde Form gleicht sie aus. Bei übermächtigen Dingen verstärken Sie die Wirkung mit einem konkaven runden Spiegel. Sie können mit Spiegeln auch alle anderen störenden Einflüsse von außen (z.B. einen hohen Turm, ein zu übermächtiges Gebäude, einen zu hohen nahestehenden Baum, Kirche, Friedhof, Fernseh-antennen, eine schnurgerade Straße, die auf das Haus zuläuft, oder eine Straßenbahn, etc.) abwehren. Aber was es auch ist, es hat Ihnen etwas zu sagen.

Umgekehrt können wir uns gute, belebende Energie aus der Nähe mit einem Spiegel hereinholen, z.B. die Energie eines Flus-ses oder auch einer angenehm belebten Einkaufsstraße, und diese Wirkung mit einem konvexen Spiegel verstärken. In diesem Fall müssen wir den Spiegel an der dem Fenster gegenüberlie-genden Wand befestigen. Er soll ja die Energie symbolisch auf-nehmen und in den Raum hereinholen, und diesen beleben. Ei-ne gute Möglichkeit ist diese Belebung, wenn ein Haus in einer Sackgasse liegt, denn da stagniert der Energiefluß. Da aber oft die Situation nicht so eindeutig ist, sollten wir genau abwägen, was wir uns eventuell sonst noch hereinholen. Sie können die Si-tuation auch beleben, indem Sie zum Beispiel ein Windrad auf-stellen, oder eine Fahnenstange, etc. (alles, was für Luftbewe-gung steht).

Gartengestaltung, Wege und die Einfahrt

Das Haus auf dem Grundstück sollte in der Mitte bis zur hinteren zweiten Hälfte plaziert sein, weil damit ein größerer Abstand zur Einfahrt erreicht wird. Entgegen unseren Gepflogenheiten, ist es in vielen asiatischen Ländern so, daß dem Ankömmling freund-lich entgegengesehen wird und man damit gleichzeitig die Mög-lichkeit hat, sich auf einen fremden Gast einzustellen und ihm gelassen entgegenzusehen. Man zeigt die schöne Seite des An-wesens (ein freundliches Gesicht) und demonstriert damit Gast-freundschaft. Diese Plazierung gewährleistet auch Geborgenheit und Sicherheit. Bei uns stehen die Häuser eher verschlossen am Grundstück, nahe dem Zugang, und der schönere, offene Teil er-streckt sich hinter dem Haus. Das fehlende Sicherheitsgefühl wird durch eine hohe Mauer, einen „spießigen" Gartenzaun oder einer undurchsichtigen Hecken kompensiert. Wir sollten wenigsten eine Glocke am Gartentor befestigen, so daß sie beim Eintreten freundlich ertönt und den Gast begrüßt und ihn uns meldet, damit wir nicht überrascht werden. Das ist übrigens auch eine ausgezeichnete mystische Einbruchsicherung.

Einfahrt und Gartentor sollten nicht zu klein und zu eng sein, sondern großzügig und einladend. Der Platz vor dem Haus sollte frei sein und die Energie nicht drücken und blockieren. Hohe Bäume gehören hinter das Haus und da in genügender Entfernung. Leider pflanzen wir sie am Anfang oft zu nahe, und in ein paar Jahren übertreffen sie das Haus an Höhe und beschatten es zu sehr. Der Baum beginnt dann dem Haus Energie zu seinem Wachstum zu entziehen. Dies ist auch der Grund, warum in den Wohnsiedlungen, wo die Fenster heute alle zu groß sind, so daß zu viel von unserer Energie entweicht, die Bäume in der Grünanlage sich so kräftig entfalten. Meist pflegen und beschneiden wir sie nicht, und später wirken sie dann erdrückend. Erdrückend und besitzergreifend wirkt z.B. auch der Efeu an der Hauswand. Ersetzen Sie ihn durch eine weichere oder sogar blühende Pflanze.

Um optisch das Haus vom Gartentor oder der Zufahrt zu distanzieren, kann man den Zugang als Schleife ausweiten. Jedenfalls sollte man ihn gut beleuchten. Ist das Haus weiter entfernt, und führt ein langer gerader Weg zu ihm, können Sie dies auch ausgleichen, indem Sie abwechselnd einmal links, dann rechts Laternen anbringen oder sonst einen Blickfang. Unsere Energie fließt dann nicht schnurgerade und aggressiv auf das Haus zu, sondern in Schlangenlinie. Das gleicht die Gerade aus.

 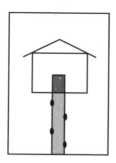

Ein kleiner Teich wirkt zusätzlich beruhigend. Hinter dem Haus verstärkt ein Springbrunnen den Reichtum, das Ansehen oder die Partnerschaft, je nachdem wo Sie ihn aufstellen. Eine noch direktere Wirkung hat so ein Brunnen auf ihr Leben, wenn er sich im Haus befindet.

Läuft von außen eine lange gerade Straße direkt auf das Haus zu, dann befestigen Sie einen Spiegel an der Stelle, wo die Straße auf das Haus trifft.

Geopathogene Zonen und Elektrosmog

Wir leben heute in einer Zeit des großen Wandels. Alles ist in starker Veränderung begriffen. Die Erde ist im Aufbruch, und geopathische Störungen häufen sich. Zu viele ungünstige künstliche Einflüsse aus Technik und Wirtschaft stören den natürlichen Kreislauf der Erde, und so wird das Erfassen und genaue Definieren störender Erdstrahlen immer komplizierter und der Ausgleich schwieriger. Wir können die Abstrahlungen der Erde nicht für sich allein betrachten. Wie alles andere auch sind sie mit uns und dem Kosmos verbunden und stehen in Wechselbeziehung. Wie innen, so außen, und wie unten, so oben. Wenn wir also zum Beispiel mit Wasseradern und deren Kreuzungen zu tun haben oder mit dem ungesunden Elektrosmog, haben wir die Resonanz dazu. Auch entsprechende Energien aus dem Kosmos haben die Resonanz dazu. Schädliche Erdstrahlen und auch die künstlichen, durch Menschen verursachten schädlichen Strahlungen jeglicher Art, treten nicht alleine auf. Es gibt immer eine Resonanz dazu. Eine erhöhte elektrische oder radioaktive Erdabstrahlung zieht zum Beispiel eine ebensolche starke kosmische Einstrahlung an. Sie wirken auf uns schädlich, weil unsere Schwingung nicht angepaßt ist, und stellen daher eine Herausforderung zur Weiterentwicklung dar.

Einerseits werden wir immer sensibler und nehmen daher solche Störungen stärker wahr, andererseits ist unser Immunsystem so geschwächt, daß wir auch empfindlicher und angreifbarer werden. Die Art und Weise, wie wir unseren zivilisierten Fortschritt handhaben, und welch zerstörenden Inhalt er teilweise hat, wirkt wie ein Bumerang. Von unten, wie auch von oben. Starke kosmische Felder weisen auf der Erde starke elektrische und radioaktive Entsprechungen (Yang-Energien) auf. Unser Denken ist zu rationell und materiell geworden, und unsere Körper sind daher zu grobstofflich für die Wahrnehmung hilfreicher feiner Schwingungen. Wir müssen unser Bewußtsein erweitern und damit die körperliche Schwingung erhöhen, wollen wir dem Desaster entkommen.

Befindet sich unser Schlafzimmer auf beeinträchtigenden Wasseradern, hat das zum Beispiel bestimmt mit gestauten Gefühlen in der Partnerschaft zu tun. Wir erleben sie im Leben gefühlsmäßig als Defizit an Geborgenheit und Liebe. Das Wasser unter uns zeigt uns unsere unsichtbaren, nicht geweinten Tränen. Wir vermissen echte Mutterliebe und können sie selbst nicht leben und geben. Das Schlafzimmer ist dann kalt und in den Farben wässrig gehalten, oft nur ganz spartanisch eingerichtet, karg und weiß, und ohne schmückende, warme und liebevolle Details. Wir können nicht gut schlafen, weil uns das innerliche Urvertrauen fehlt. Entsprechend ihrer Intensität sind solche Störungen im Raum deutlich sichtbar. Oft werden sie mehr oder weniger unbeholfen kaschiert und kompensiert, aber oft liegen sie wie verzweifelt ganz bloß. Je nachdem in welchem Lebensbereich sich solche Stellen in der Wohnung befinden, können wir dort die Ursachen finden. Aber das ist gar nicht so wichtig. Wichtig ist, mit warmen Farben und Textilien und harmonischer Raumgestaltung auszugleichen. Sehr unterstützend und harmonisierend wirkt auch das Arbeiten mit Farbfolien. Dies alles verändert die Gefühlswelt nachhaltig. Ich erlebe immer wieder, wie die Wasseradern „mitwandern", wenn wir glauben, ihnen ausweichen zu können. Viele Menschen nehmen dabei oft eine sehr ungünstige Möbelplazierung in Kauf und können dann erst recht wieder nicht schlafen.

Seit kurzer Zeit gibt es als Schutz vor Abstrahlungen jeglicher Art die „Engel-Scheiben" von Herrn Horst Krohne, Zentrum für Geistheilung auf Teneriffa. Sie erweisen sich als besonders einfache und sehr preisgünstige Hilfe. Es sind dies ca. 20 cm große dünne Kartonscheiben mit einem farbigen Engel-Symbol und sind sehr vielseitig einsetzbar (Wasseradern, Elektromagnetische Abstrahlungen, Computer, Steckdosen, etc.). Ihre Herstellung basiert auf einer Durchsage aus der geistigen Welt. Für Mobiltelefone gibt es sie in kleinen Aufklebern.

Das Wasser

Wie die Bezeichnung Feng-Shui schon ausdrückt, sind der Wind und das Wasser in ihrer Wechselbeziehung die informationsträchtigen Elemente, die für unsere Entwicklung lebensnotwendig sind. Der Bedeutung von „Wind" – unsere Gedanken – haben wir bereits viele Seiten gewidmet. Das Wasser ist ein Thema für sich. Um die Bedeutung des Wassers für unser Leben in seiner ganzen Konsequenz zu erfassen, empfehle ich Ihnen sehr, sich Literatur von Viktor Schauberger und Erich Körbler zu Gemüte zu führen und das Buch über die Grander-Wassertechnik „Auf den Spuren des Wasserrätsels" von Kronberger/Lattacher zu lesen. Es wird Ihnen helfen, das Geheimnis von Wind-Wasser und damit das Geheimnis allen Lebens zu lüften. Sie werden erkennen, wie wichtig das Wasser für unsere Bewußtseinserweiterung und Lebensqualität ist.

Zusammenfassung

Was auch immer in unser Leben kommt, und wie es sich uns darstellen mag, wir müssen es erst einmal annehmen, bevor wir es ändern können. Wie könnten wir etwas verändern, das wir gar nicht kennen, weil wir es nicht sehen wollen? Annehmen ist Liebe und ohne Annehmen ist keine gedeihliche Entwicklung möglich.

Entwicklung heißt, auf dem Weg sein. Es ist der Weg des Wissen-Erwerbens und des Erfahrungen-Machens. Dabei befinden wir uns irgendwo. Der eine sammelt da, der andere dort. Dazu sind wir hier. Alles ist gleich wichtig. Wir gehen allein und doch gemeinsam. Gestehen Sie sich Unwissen zu, obwohl es die leidvollen Erfahrungen ausmacht. Das liegt in der Natur der Sache. Wären wir am Ende des Weges, gäbe es keine Entwicklung. Entwicklung aber hört nie auf, denn der Weg ist das Ziel. Unser aller Problem liegt darin, daß wir uns Steigerungen im positiven Sinn nicht oder zu wenig vorstellen können. Dazu reicht unsere Phantasie nicht aus und der Glauben, doch das Potential dafür tragen wir alle in uns.

Nun, da Sie dieses Buch bis hierher durchgearbeitet haben, sehen Sie bestimmt Ihre Umgebung und sich mit anderen, und mit liebenderen Augen. Sie haben Wissen aufgenommen das Ihnen hilft sich selbst zu helfen, und sind dadurch den Umständen nicht mehr so machtlos ausgeliefert. Feng-Shui unterstützt nachhaltig jede Therapie, und so manches Fachwissen aus anderen Bereichen können Sie mit Feng-Shui verbinden und damit Ihre Kenntnisse erweitern. Vor allem haben Sie die Möglichkeit zu erleben: Ja, ich kann. Wenn wir die Schwingungen in unserem Umfeld ausgleichen und die schon vorhandenen positiven verstärken, machen wir automatisch immer weniger leidvolle Erfahrungen, weil wir immer weniger Resonanz dazu haben.

Wende dein Gesicht der Sonne zu,
dann fallen die Schatten hinter dich.

(Afrikanisches Sprichwort)

6. Die Möblierung und Raumgestaltung

Man sagt, jeder Mensch sei geprägt von seinem Schicksal. Doch er ist weniger geprägt vom Schicksal als davon, wie er damit umgegangen ist. Es steht uns frei, uns zu ändern.

Der Grundriß, die Form und Gestaltung eines Gebäudes zeigen das Thema, die Nutzung der Räumlichkeiten und deren Einrichtung zeigen die Art und Weise, wie wir persönlich mit diesem Thema zurechtkommen, unsere Einstellung dazu.

Die grundlegende Charakteristik einer Wohnung kann sich bei jedem Menschen auf unterschiedliche Art und Weise ausdrücken.

Jeder schafft sich seine eigene Realität, im Sinne der Bedeutung, die er den Ereignissen und Dingen gibt. Er schafft nicht die Ereignisse selbst. Die sind eine unendliche Verkettung (Resonanzen) von Schicksalen, mit denen wir verbunden sind. Erst wenn wir ein Vorkommnis subjektiv sehen, geben wir ihm die uns entsprechende Bedeutung und schaffen damit unsere Wirklichkeit, gemäß unseren bisherigen Erfahrungen.

Zum Beispiel: Eine Erkältung ist im Anzug. Der eine reagiert verdrossen und ängstlich und sieht sich sofort mit einer handfesten, unvermeidlichen Grippe leidend im Bett liegen. Der andere hört das Signal seines Körpers, ist dankbar, gönnt sich den emotionalen Rückzug, kommt zu neuer Erkenntnis und tankt neuen Schwung. Der Virus ist derselbe, die subjektive Bedeutung für den einzelnen entsprechend seiner Einstellung.

Die Darstellungen zur „richtigen" Möblierung und Raumgestaltung mögen Ihnen daher nur als Anregung dienen. Beobachten Sie selbst, probieren Sie aus und lernen Sie damit immer mehr, Energiequalitäten zu erfassen. Stellen Sie eine Pflanze vor eine Ecke, hängen Sie einen Blickfang ins Fenster, etc. und tun Sie sie nach einer Weile wieder weg. Stellen Sie den Unterschied fest, und achten Sie vor allem darauf, was Sie fühlen.

Vorzimmer und Flur

Das Vorzimmer stellt unser Aufnahmevermögen dar, das was wir bereit sind, in unser tägliches Leben zu lassen und wie.

Das Vorzimmer sollte im Verhältnis zur Größe der Wohnung in etwa fünf bis acht Prozent der Gesamtfläche ausmachen. Zum einen sollte sich der Rahmen, der Lebensraum, den wir haben bzw. uns zugestehen, leicht füllen lassen, zum anderen könnten wir auch „überschwemmt" werden. Bei einem großen hellen Vorzimmer, verbunden mit einer großen Tür, kommt besonders viel und Angenehmes ins Leben. Bei einem kleinen dunklen und womöglich noch mit einer klemmenden Eingangstür versehen Raum, kommen die Dinge stockend herein und erfreuen uns nicht sonderlich. Aber auch die Freude der Menschen, die herein kommen, wird dann sofort gedrückt und ebenso die eigene natürlich. Bei der Kombination von hellem großen Vorraum mit klemmender Tür bremsen wir das erfreuliche Hereinströmen.

Zu kleine Vorzimmer kann man optisch vergrößern, indem man sie sehr hell gestaltet, eventuell eine Wand verspiegelt und möglichst sparsam möbliert, mit Deckenleuchte. Bei einem zu großen Vorzimmer gestaltet man die Wände in warmen mittleren Farbtönen, eine Spur dunkler als Boden und Decke, kann eventuell zusätzlich einen Schrank aufstellen und einen oder mehrere Stühle mit Tischchen, und beleuchtet am besten mit Wandleuchten.

Flure sind Wege, die teilen, einteilen, trennen, unterscheiden und verbinden. Sie sagen: Entweder da oder dort, oder auch: mal hier und mal da, oder: wenn so, dann so. Je nachdem wie sie gestaltet sind.

Lange, schmale Flure verbreitert man mit hellen Wandfarben, verkürzt sie mit einer dunkleren, aufnehmenden (schluckenden) Farbe am Ende, so wie man sie mit einer hellen Deckenfarbe erhöht und mit einer dunkleren niedriger macht. Jedenfalls sollte man die Bilder auf der Wand nicht einander gegenüberliegend anbringen, sondern abwechselnd einmal links, einmal rechts. Auch die Türen sollten so angeordnet sein. Ist das nicht machbar, hängt man in Abständen Hängelampen auf oder Mobiles.

Ist ein Flur sehr verwinkelt, kann man mit Spiegeln die Energie fließend weiterleiten.

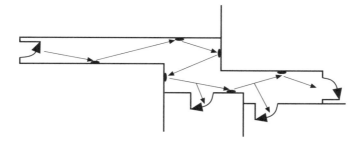

Wohnzimmer

Auch hier ist es so, daß helle freundliche Farben und sparsame Möblierung den Raum größer machen. Nur wirklich große Räume vertragen wuchtige Möbel und riesige Pflanzen. Achten Sie besonders auf genügend Raum als Geh- und Bewegungszone. Situieren Sie die Sitzgruppe so, daß Sie sowohl die Eingangstür als auch die Fensterfront bzw. Balkon-Terrassentür im Auge haben. Behelfen Sie sich, wenn nötig, mit Spiegeln. Mit alten Stilmöbeln sollten Sie vorsichtig sein. Je nachdem, woher Sie sie haben, könnten Sie mit unguter Energie besetzt sein. Schränke stellen Personen dar. Sind sie zu wuchtig oder kantig, halten Sie sie möglichst vom Sitzplatz fern.

Küche

Bei der Küche ist die Funktionalität das Wichtigste. Natürlich sollte sie auch freundlich und hell, aber nicht kalt sein. Steht der Herd neben der Spüle, der Spülmaschine oder dem Kühlschrank, werden Ihre kreativen Bemühungen, Initiativen und Aktionen weggespült oder gelöscht. Das merken Sie, indem Sie zum Beispiel bei allem, was Sie tun, getadelt werden, wenn Kritik an Ihrer Arbeit Sie zum Weinen bringt, oder wenn es Sie betrübt, daß Sie mit Ihren Bemühungen nicht das erreichen, was Sie sich vorstellen. Es gibt eine einfache Lösung: Kleben Sie zwischen das Feuerelement Herd und das Wasserelement eine Spiegelfolie (keine Alufolie). Besonders dann ist das sehr wirkungsvoll, wenn es sich um die Spüle handelt. Kleben Sie die Folie so, daß der Spiegel den Abfluß und das Wasser reflektiert, so daß Ihr Feuer in Ruhe brennen kann. Sie müssen ihn dazu entweder außen an die Herdseite, oder auf die Innenseite des Spülenschrankes kleben.

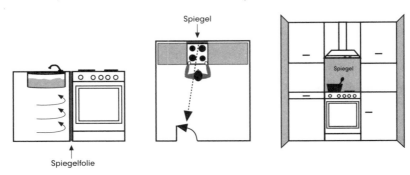

Stehen Sie beim Kochen mit dem Rücken zur Tür, dann verspiegeln Sie den Zwischenraum zwischen Unter- und Oberschränken, um zu sehen, was sich hinter Ihnen tut. Bei einer kleinen Arbeitsküche ist es besonders unangenehm, nicht zu sehen, was rückwärts vor sich geht. Auch wenn man genau weiß, daß ohnehin niemand hereinkommt, so zeigt es doch, daß man sich nicht gerne bei der Arbeit zuschauen lassen will und lieber nicht präsentiert, wie etwas hergestellt wird, oder einfach, daß man dabei Ruhe haben möchte und daher anderen Dingen den Rücken kehrt. Die Tür hinter sich zu haben entzieht einem jedenfalls Energie, so daß man sich ohnehin nicht in Ruhe konzentrieren kann. Nun, das Kochen ist eine wichtige kreative Tätigkeit, mit der wir uns versorgen. Sehen wir dies als eine eher unangenehme Seite des Lebens und empfinden die Kreativität als „Arbeit", dann haben wir bestimmt keine Sitzmöglichkeit in der Küche. Eine solche sollte also schon vorhanden sein.

Je größer der Raum, desto weiter sind Sie beim Kochen von der Tür entfernt und haben auch die Möglichkeit, sich dabei mit jemanden zu unterhalten. Ihre innere Antenne meldet rechtzeitig Eintretende, so daß diese Sie nicht so leicht überraschen können.

Die Spiegel machen Sie jedenfalls sicherer und konzentrierter und ruhiger bei der Arbeit. Es verdoppeln sich außerdem optisch die Herdplatten, das macht die Kochstelle größer und verdoppelt den Effekt Ihres Tuns. Deshalb steht das beschriebene Verspiegeln auch für die Verdoppelung des zur Verfügung stehenden Haushaltsetats.

Eßzimmer

Natürlich ist es am gemütlichsten, wenn sich der Eßplatz in der Nähe der Küche befindet. Es zeigt auch, daß Sie alles so meinen, wie Sie es sagen und klar ausdrücken. Daher sollte ein separates Eßzimmer nicht zu weit von der Küche entfernt liegen. Abgesehen davon, daß das sehr unpraktisch ist und mehr Energieaufwand kostet, werden die Menschen, mit denen Sie am Tisch zusammensitzen, lange nicht verstehen, was Sie Ihnen erzählen wollen, oder es langweilt sie, denn Ihr Mitteilungsvermögen ist eher umständlich. Vielleicht empfinden Sie selbst den Inhalt zu kompliziert. Die Unterhaltung wird daher eher oberflächlich bleiben und unverbindlich, oder sehr reserviert. Ungemütliche Stühle wären eine Entsprechung dafür und unterstreichen noch diese Atmosphäre.

Geben Sie dem Eßzimmer auf jeden Fall genügend „Luft", und gestalten Sie es geräumig und nicht zu steif. Grüne Farben sind ungünstig, besser sind warme rötliche, beige-braune Töne oder erfrischendes Blau und Weiß. Vermeiden Sie einen großen Schrank in der Nähe der Sitzplätze und verwenden Sie möglichst einen runden Tisch.

Bad und WC

Der Gestaltung des Bades und dem WC wurde bei den baulichen Gegebenheiten im wesentlichen bereits Raum gewidmet. Verwenden Sie für deren Ausstattung weiche, nicht zu kühle Farben. Zum Beispiel elfenbein anstatt weiß, beige, rosa oder hellgraue Töne anstatt einem grellen Grün oder kaltem Blau, und lockern Sie mit Farbtupfern auf. Die Farbtupfer (Vorleger, Handtücher, Accessoires oder Utensilien) sollten der Farbe des Lebensbereiches des Ba gua angepaßt sein, in der sich das Bad bzw. WC befindet. Liegt es z.B. im „Erfolg", nehmen Sie Rot, liegt es in „Familie", nehmen Sie Blau oder Grün usw.

Schlafzimmer

Dem Schlafzimmer, als einem der wichtigsten Räume, sollten wir viel Aufmerksamkeit widmen. Da wir in diesem Raum schlafen, also passiv sind, nehmen wir die Energien des Raumes noch mehr und intensiver auf.

Stellen Sie das Bett oder die Betten so, daß Sie nicht in Türrichtung liegen und sich möglichst weit weg von der Tür befinden. Ist dies nicht möglich, sorgen Sie für einen Energiestopp bzw. Schutz in Richtung Tür. Das kann ein Paravent sein, ein Stuhl, ein Kleiderständer, ein Mobile, usw. Liegen Sie mit den Füßen schon „halb bei der Tür draußen", ist diese Situation zwingend. Wenn Sie nicht von selbst gehen, werden Sie gegangen bzw. getragen werden.

Es zeigt nämlich die innere Einstellung an, daß wir eigentlich „gehen" wollen. Wir müssen uns entscheiden: Gehen oder Bleiben. Je mehr wir die Dinge schon auf der geistigen Ebene erkennen, können wir sie auch auf dieser Ebene verändern und ersparen uns, sie auf leidvolle Art zu erleben.

Besonders heimtückisch sind scharfe Kanten und Ecken, die auf das Bett zeigen. Beim Nachtkästchen trifft es unmittelbar den Kopf, bei einem Schrank einen anderen Körperteil. Je weiter entfernt, desto mehr schwächt sich die Wirkung ab. Nachtkästchen oder Beistelltischchen sollten daher möglichst rund sein, zumindest runde Kanten und Ecken haben oder höchstens bis zur Matratze reichen. Die hohen Kleiderschränke stehen am besten ebenfalls möglichst weit weg vom Bett, auf keinen Fall im Kopfbereich. Von Schrankbetten und Bettüberbauten sollten Sie sich trennen.

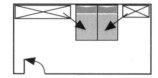

Vermeiden Sie es, im Durchzug zu liegen. Wenn ein Fenster genau der Tür gegenüberliegt und Sie dazwischen, ist es besonders wichtig einen Blickfang in das Fenster zu hängen. Auch die guten alten Hängelampen haben hier noch ihren Sinn. Sie sollten im Schlafzimmer keine Pflanzen verwenden. Unsere Schlafzimmer sind in der Regel zu klein. Ist der Raum größer, so ab 25 Quadratmeter, können Sie eine Zimmerlinde aufstellen. Die meisten anderen Pflanzen sind ungeeignet.

ungünstig   Lösung   Lösung

Die Farbgestaltung wurde bereits bei den geopathisch gestörten Zonen besprochen. Es ist kein Zufall, daß sich diese meistens ausgerechnet im Schlafzimmer befinden oder da, wo Sie sonst liegen wollen.

Hohe, wuchtige und womöglich noch dunkle Schränke wirken sehr bedrückend bis bedrohlich. Malen Sie sie wenigsten freundlich und hell an, oder lustig, falls Sie sie nicht entbehren können. Auf keinen Fall sollten sich Spiegel (z.B. Spiegelschränke) im Schlafzimmer befinden, die direkt auf das Bett gerichtet sind. Darauf wird im Zusammenhang mit der Verwendung der Spiegel später noch genauer eingegangen.

Die Gestaltung Ihres Schlafzimmers zeigt Ihnen recht deutlich Ihre innere Gesinnung in der Partnerschaft, egal, in welchem Bereich es liegt. Welche Farbe ist überwiegend? Besteht Bewegungsfreiheit oder ist es sehr eng? Ist es eiskalt oder kommen auch warme Gefühle auf? Wirkt es bedrückend oder leicht?

Helle Erdfarben kombiniert mit individuellen Farbklecksen sollen dafür sorgen, daß Sie sich wohl und geborgen fühlen.

Kinderzimmer

Die Merkmale der Gestaltung und Einrichtung der Kinderzimmer sind grundsätzlich ähnlich denen der Schlafzimmer, nur ist die Möblierung und Farbgestaltung noch wichtiger. Kinder haben noch feinere Schwingungen und reagieren daher empfindlicher auf oben angeführte Störungen. Achten Sie besonders auf scharfe Kanten und Ecken. Sie verletzen die Kinder tatsächlich noch mehr, und dies wird oft als äußere körperliche Verletzung auch ganz offensichtlich. Das größte Problem ist darüber hinaus in der Regel der Platzmangel. Häufig haben die Kinder vor lauter Möbel keinen Platz, sich zu bewegen. Wenn wir umgekehrt ein kleines Bettchen in einen übergroßen fast leeren Raum stellen, kommt sich ein Kleinkind darin verloren vor.

Die passende Raumgröße für das heranwachsende Schulkind liegt bei ca. 15 - 25 Quadratmeter. Hat das Kind genug Platz, und kann es den Raum im wesentlichen nach eigenen Wünschen gestalten, wird es ihn als sein Reich annehmen und sich auch gerne dahin zurückziehen. Dann zeigt dies, daß man dem Kind genügend Raum zur eigenen Entwicklung „einräumt". Die Farbgestaltung wird sich mehrmals entsprechend dem Alter ändern.

Der obligate Schreibtisch im Kinderzimmer, sollte nicht am Fenster stehen und auch nicht an der Wand. Sitzt das Kind so, daß der Blick hauptsächlich zum Fenster hinausschweift, fördert das zwar die Phantasie, nicht aber die Konzentration. Das Kind wird aufsässig sein und den Eltern dauernd widersprechen. Sieht es ständig die Wand vor sich, kommt es mit der Schulaufgabe nicht weiter und es entstehen Unlustgefühle. Befinden sich der Schreibtisch und der Stuhl zudem noch knapp vor der Türöffnung, kann das Kind kaum noch bei der Aufgabe sitzen bleiben und verspürt ständig den Drang wegzulaufen. Der Schreibtisch sollte so plaziert sein, daß das Kind möglichst weit von der Tür entfernt sitzt, daß es Tür und Fenster wohl im Auge hat, der Blick aber überwiegend in den Raum schweift.

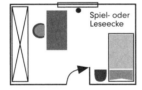

Spiel- oder
Leseecke

Arbeitszimmer

Die oben genannte Anordnung beim Arbeiten betrifft auch das Arbeitszimmer. Was auch immer Sie in Ihrem Arbeitszimmer arbeiten, stellen Sie die Möbel dazu so, daß Sie sich bei Ihrem Tun nicht mit dem Rücken zur Tür befinden. Sehen Sie den Dingen, die da kommen sollten, gelassen entgegen. Das können Sie nur, wenn Sie ihnen nicht den Rücken (die kalte Schulter) zeigen. Auch das Fenster im Rücken sollten Sie vermeiden und den Durchzug. Sorgen Sie dafür, daß der Raum nicht eng und bedrückend wirkt, die Farbgebung Ihrer Tätigkeit entspricht, und stellen Sie da und dort zur Anregung eine Pflanze auf.

Gästezimmer

Verwirklichen Sie im Gästezimmer nach Möglichkeit alles, was Sie bis jetzt über eine förderliche Raumgestaltung erfahren haben, und Ihre Gäste werden es Ihnen danken.

Abstellraum

Egal ob es sich um eine Speisekammer handelt oder den Abstellraum für Haushaltssachen, Schuhe oder Kleider, Werkzeug und Koffer, der Raum sollte ebenso sauber, ordentlich und einladend sein wie die übrige Wohnung. Falls es kein Fenster gibt, geben Sie ihm symbolisch eines, wie bereits im fünften Kapitel beschrieben.

Zusammenfassung

Ich habe bewußt vermieden, genaue Vorgaben darzustellen, da dies zu umfangreich werden würde und außerdem dann die Gefahr der Verallgemeinerung besteht. Da die Wohnung Ihre Individualität ausdrückt und die Situationen sich mehr oder weniger aus sich und ihrem Zusammenhang heraus ergeben, bedarf es immer der Berücksichtigung dieser besonderen einmaligen Gegebenheiten, um ein harmonisches Ganzes zu schaffen.

Teil 3

Freiheit bedeutet Verantwortung.
Deshalb wird sie von den meisten Menschen gemieden.

(Georg B. Shaw)

7. Allgemeines, Clearing, Spiegel und Verstärkung

Allgemeines

Alle vier Ecken eines Raumes sollten belebt sein. Hängen Sie ein Windspiel in eine „tote" Ecke, bringen Sie Licht hin, einen Springbrunnen, ein Wasserfallposter, Klangspiel, Musik oder den Fernseher etc.

Stellen Sie keine Möbel schräg, denn Sie schneiden damit eine Ecke ab und sie würde zu einer toten Ecke werden. Außerdem zeigt dies auch, daß Sie lieber etwas verdrängen als es gelten lassen wollen. Sehen Sie sich den Lebensbereich an und fragen Sie sich, was es ist, das Sie am liebsten abschneiden möchten. Wir alle haben so manche Widersprüche in uns, und es gilt diese aufzudecken. Liegt der Teppich schräg (quer), stellt sich Ihren Absichten etwas in den Weg. Ihre eigene Vorgehensweise ist es in diesem Fall, warum eine Sache schiefläuft. Legen Sie den Läufer gerade, wird es gelingen. Allerdings werden Sie sich erst daran gewöhnen müssen, geradlinig vorzugehen.

Eines der häufigsten Probleme, die ich in vielen Wohnungen vorfinde, ist, daß es den Leuten so schwer fällt, sich von Überflüssigem (Möbel, Hausrat, alte Kleidern etc.) zu trennen. Sie lassen sich lieber einengen und be- und erdrücken, als daß Sie aussortieren. Dabei kommt es nicht so sehr auf die Größe der Wohnung an, sondern auf das Verhältnis von Besitz und Wohnraum. Oft kann ein ganzes Haus nicht groß genug sein, um alles zu fassen. Dadurch staut sich Energie, und irgendwann kann nichts Neues mehr dazukommen. Unser Transformationsprozeß ist heute zwingender denn je, und jeder Energiestau verhindert positives neues Wachstum.

Wenn das uns vorgegebene Thema nicht erfüllt wird, richtet sich diese Energie nach innen und wirkt dann zerstörend. Oft haben wir solch zerstörerische Symbole in Form von Bildern an der Wand, oder sie stehen als Gegenstände im Raum, ohne daß wir darauf achten. Trennen Sie sich davon. Umgeben Sie sich statt dessen mit schönen, aufbauenden und erheiternden Motiven und geben Sie allen Räumen helle, sanfte, klare Farben, je nach Nutzung, und gestehen Sie sich selbst Bewegungsfreiheit zu. Lassen Sie Licht herein, oder beleuchten Sie ausreichend. Wenn Sie als Blickfang im Fenster eine Kristallkugel mit Facettenschliff hängen haben, dann füllt sich bei Sonnenschein der Raum mit Regenbogenfarben und Ihr Herz mit Freude. Kristallkugeln nehmen kein Licht weg, sondern helfen durch ihren Streueffekt, das vorhandene Licht zu vermehren. Die besten Resultate im Leben entstehen, wenn wir sie mit Freude herbeigeführt haben.

Auch die Funktionalität im Haus ist wichtig. Tauschen Sie jede ausgebrannte Glühbirne aus und reparieren Sie jeden Schaden sofort, damit er keine Kreise zieht. Solche Geschehnisse weisen uns darauf hin, daß etwas im Leben aus den Fugen gerät. Wenn z.B. der Wasserhahn tropft, kann man Gefühle nicht mehr länger unter Kontrolle halten, wenn der Abfluß verstopft ist, werden sie gestaut, wenn ein Kurzschluß die Wohnung in Finsternis hüllt, haben wir vielleicht eine Sache verkannt oder sind dabei eine Fehlentscheidung zu treffen, wenn die Glühbirne platzt, haben wir uns in eine Sache verrannt, wenn der Spiegel einen Sprung hat, bekommt unser Bild einen Knacks, und wenn er bricht, haben wir die Glaubwürdigkeit verloren. Es ist schwierig sie wieder herzustellen, deshalb reden wir dann von „sieben Jahren Pech". Aber bedenken Sie, die äußeren Umstände zeigen nur Ihre inneren, d.h. Sie glauben, Sie hätten ... und deswegen haben Sie. Es müssen nicht sieben Jahre Pech daraus werden, wenn ein Spiegel in tausend Scherben bricht. Kaufen Sie sich einen neuen und bejahen Sie Ihr „neues Gesicht".

Je nachdem, in welchem Lebensbereich und welchem Raum sich ein Schaden ereignet, werden Sie die Zusammenhänge finden. Haben Sie z.B. einen Kurzschluß in der Küche, und diese liegt im Bereich „Reichtum", überprüfen und revidieren Sie bestimmte Gedanken und Aktivitäten in bezug auf das Geldverdienen, auf vielleicht zu vernünftiges oder unvernünftiges Verhalten usw. Beeinträchtigt ein Rohrbruch im Bad Ihre Reinigung, dann haben Sie mit einem störenden, weil unangebrachten Gefühlsausbruch zu rechnen. Liegt das Bad im Bereich „Familie", wird das auf die Familie zutreffen, liegt es Bad im Bereich „Ehe", betrifft es den Partner. Das alles sind im Grunde nur Hinweise im Vorfeld. Wir sollten sie dankbar annehmen und als Anlaß sehen, ein wenig mehr über uns selbst nachzudenken.

Wichtig ist in diesem Zusammenhang auch das Ausgleichen von Unausgewogenheiten im Grundriß, um dadurch unbewußtes, nicht genütztes Potential erfahrbar zu machen.

Bei Wohnungen im Wohnblock können wir das in der Regel „nur" symbolisch lösen, indem wir die Form auf dem Plan vollenden, oder mental, indem wir uns die ausgeglichene Form visualisieren. Aber das wirkt mindestens genauso gut, als wenn wir den Bereich im Garten markieren. Bedenken Sie, daß unser Bewußtsein eine Energieform ist und alles bewirkt, was wir wollen.

Wenn wir solche Bereiche integrieren, sollten wir uns diese leer vorstellen, damit sie sich mit Neuem füllen können. Wenn sich zum Beispiel in einem bei uns fehlenden Bereich in der Nachbarwohnung gerade das Bad befindet oder ein Abstellraum, ist es nicht sinnvoll, sich diese herein zu holen.

Clearing

Abgesehen von allen korrigierenden und ausgleichenden Maßnahmen, ist die Grundbedingung für eine höhere Energiequalität das Vorhandensein sauberer, ordentlicher Räumlichkeiten. Sie wirken jedenfalls in diesem Sinne von außen auf unsere innere Schwingung und verhelfen uns zu geordneten Gedanken und reineren Gefühlen.

Besonders wenn Sie eine Wohnung neu beziehen, sollten Sie die alten noch darin hängenden Energien loswerden. Ausmalen allein genügt oft nicht. Durchlüften Sie ordentlich und reinigen Sie besonders die Textilien, wenn welche vorhanden sind, und vor allem die Teppichböden. Die neuen Raumreinigungsgeräte mit Wasser anstelle von Staubsäcken leisten hierfür hervorragende Dienste. Diese Geräte reinigen nicht nur Böden, Wände und Möbel auf hygienische Art, sondern auch die Raumluft. Die Wasser-Technik, ergänzt mit ätherischen Ölen, wirkt wahre Wunder.

Die hartnäckigsten Gerüche verschwinden, und selbst giftige, chemische Ausdünstungen von Farben, Lasuren oder Spanplatten werden weitgehendst eliminiert. Legen Sie dann Ihre Lieblingsplatte auf, oder sonst eine schöne Musik, und drehen Sie auf volle Lautstärke, so daß es richtig durch die Räume hallt. Sie verdrängen damit den letzten Rest fremder Energien aus der Wohnung und bringen Ihre hinein.

Alte Gemäuer müssen Sie jedoch eventuell noch zusätzlich ausräuchern. Dafür gibt es Granulat in verschiedenen Qualitäten, wie Weihrauch, Fenchel, Myrrhe und dergleichen. Gehen Sie damit durch alle Räume und in jedem Raum entlang der Wände in alle vier Ecken und verweilen Sie ein wenig in jeder Ecke. Wenn nötig, in kurzen zeitlichen Abständen mehrmals wiederholen.

Spiegel

Dem Spiegel schreibt man eine magische Kraft zu, denn er birgt eine Doppelfunktion in sich. Er ist aufnehmend und gleichzeitig reflektierend. Wir müssen ihm daher „sagen", was er tun soll. Das ist sehr wichtig, soll er wunschgemäß seine Aufgabe bei gezielten Korrekturen erfüllen. So wie er uns selbst spiegelt, wenn wir hineinsehen, spiegelt er auch unser Bewußtsein. Es ist auf Annehmen programmiert oder auf Abwehren, wenn wir hineinsehen. Er zeigt uns ganz genau, wie wir uns sehen, nicht, wie die anderen uns sehen.

Wir müssen mit ihm etwas bezwecken wollen, sonst werden wir von ihm behandelt. Deshalb ist es z.B. im Schlafzimmer problematisch, sich schlafend (unbewußt) zu spiegeln. Da das Ich im Schlaf nicht präsent ist, bläht sich das Ego auf.

Wenn wir uns im Spiegel ansehen, verdoppeln (vermehren) wir uns. Er nimmt unsere Energie auf, und wir verlangen unbewußt, daß er sie reflektiert. Wir wollen uns ja sehen, dazu wurde er erfunden. Also wirft er das Bild zurück, das er aufgenommen hat. Wir setzen ihn deshalb auch ein, um z.B. einen Raum zu vergrößern. Wenn wir aber schlafen, bezwecken wir mit dem Spiegel nichts. Er schluckt sozusagen unsere Energie. Wir wollen Ruhe haben, und er nimmt sie uns. Wir schlafen ja und sehen uns nicht und können ihm daher unsere eigene Energie nicht abnehmen, indem wir sie bewußt aufnehmen, und dadurch dreht sich der Effekt um, und wir können nicht erholsam schlafen.

Es besteht noch eine andere Gefahr. Da der Spiegel selbst keine eigene Energie hat und deshalb alles nimmt, was da kommt, kann er auch von – für uns nichtsichtbaren – Energieformen benutzt und „besetzt" werden. Auch sie verdoppeln damit ihre Stärke und Intensität. Ebenso die Wasseradern oder sonstige energetische Störungen.

Es ist uns nicht bewußt, daß sich im Spiegel nicht nur unser Äußeres spiegelt. Es spiegelt sich auch das Innere. Jeder kann das ausprobieren. Setzen Sie sich vor einen Spiegel und sehen Sie sich selbst konzentriert in die Augen. Beobachten Sie was passiert. Wie lange halten Sie es aus? Ein Spiegelschrank im Schlafzimmer (Schränke stehen für Personen) wirkt wie viele sehende Augen, die einem beim Schlafen zugucken und damit Energie entziehen. Den Spiegel mit einem Tuch zu verhängen, um sich wohler zu fühlen, ist, als stülpte man jemanden ein Tuch über das Gesicht. Es ist im Moment vielleicht besser als gar nichts, aber es ist sicher nicht die Lösung. Man sollte den Spiegel auf jeden Fall entfernen.

Wie bereits mehrmals erwähnt, können wir Spiegel recht gut zu unserem Wohle einsetzen, und sie sind ein wichtiges Requisit für so manche einfache und vorteilhafte Lösung. Aber achten Sie immer darauf, was die Spiegel in der Wohnung spiegeln. Manchmal fällt uns nicht auf, daß sie ständig eine ungünstige Situation verdoppeln. Sorgen Sie dafür, daß sich nur schöne Dinge spiegeln oder zumindest neutrale.

Wenn Sie kein Gegenüber haben und deshalb abends keine Vorhänge zuziehen, ist es ähnlich wie mit dem Spiegel im Schlafzimmer. Draußen ist es dunkel, herinnen hell, und Sie nehmen nicht bewußt wahr, daß Sie beobachtet werden könnten. Ein „Spanner", der in die Wohnung schaut, entzieht Ihnen Energie, womit er seine eigene stärkt. Nur durch das Beobachten. Wir werden immer von den Dingen die uns nicht bewußt sind, behandelt. Auch hier gibt es außerdem noch andere Energieformen, die wir nicht sehen können. Selbst im Schlaf, wenn es im Raum auch dunkel ist, ist es drinnen wärmer und behaglicher, und das zieht Energien an, die das auch haben möchten. Es geht nicht darum, ob Sie sich fürchten oder nicht, sondern um Ihren Energiehaushalt, und um Ihre Abgrenzung.

In diesem Fall ist Ihnen nämlich nicht bewußt, daß bestimmte Umstände in Ihrem Leben Menschen oder Ereignisse anziehen, die Sie zu viel Energie kosten. Überprüfen Sie die einzelnen Lebensbereiche, wo Sie dies zulassen, und schließen Sie abends die Vorhänge.

Verstärkungen

Zusätzlich zum Korrigieren und Ausgleichen, können wir auch angenehme Ereignisse und vorteilhafte Ergebnisse forcieren, indem wir in die entsprechenden Lebensbereiche zusätzliche gute Energien einbringen. Grundsätzlich können Sie dazu alles verwenden, was auch zur Korrektur von toten Ecken geeignet ist, denn diese Objekte regen den Energiefluß zusätzlich an. Sie sollten dabei aber nicht übertreiben. Es gibt für uns auch ein Zuviel an Gutem, das wir dann nicht verkraften können.

Alle Lebensbereiche haben einen vielfältigen symbolischen Ausdruck. Verwenden Sie solche Symbole und bringen Sie sie in die entsprechenden Bereiche Ihrer Wohnung oder eines Raumes ein. Besonders gut für Verstärkungen eignet sich das Schlafzimmer. Da wir hier passiv sind, nehmen wir auch die positiven Energien vermehrt ins Unterbewußtsein auf. Die Entscheidungen sind sehr individuell, je nachdem, was wir erreichen wollen.

Positive Symbole für die einzelnen Lebensbereiche sind außer den bereits zugeordneten Farben, die Sie als Farbtupfen mit Accessoires und Utensilien ganz unauffällig immer verwenden können, auch deren Entsprechungen bei den Düften oder Steinen. Spezielle andere Symbole sind zum Beispiel das Rad für den Bereich der „Karriere", die Pyramide für den des „Lernens", der Kranz für den der „Familie", fließendes Wasser für den des „Reichtums", Feuerlilien für den des „Erfolgs", Kirschblüten für den der „Ehe", eine silberne, kuppelförmige Sparbüchse für den der „Kinder", das Telefon für den Bereich der „Hilfreiche Menschen" und die Lotusblüte für das „Zentrum". Es fallen Ihnen gewiß noch viele andere Entsprechungen dazu ein. Hauptsache, Sie nehmen Dinge, die Ihren eigenen Vorstellungen entsprechend, positive Bedeutung haben. Wenn Sie zum Beispiel Feuerlilien nicht mögen, sollten Sie diese auch nicht verwenden.

Wollen Sie also mit Ihrem kreativen Potential Ihr Einkommen erhöhen, stellen Sie z.B. besagte Sparbüchse im Bereich „Reichtum" in Ihrem Atelier auf. Oder wollen Sie Ihre Familie zusammenhalten, dann hängen Sie einen Blütenkranz in dem Bereich „Familie" im Eßzimmer auf, oder im Wohnzimmer. Wollen Sie Ihre(n) Frau/Mann bei der Arbeit zwischendurch an Ihre schöne Zweisamkeit erinnern, bringen Sie Kirschblüten in den „Ehe"- Bereich des Büros. Alle Symbole können übrigens auch in Bildern dargestellt sein.

Das schöne am Feng-Shui ist, daß wir seine Wirkung bereits an Kleinigkeiten erfahren und es damit einfach und risikolos ausprobieren können.

Aber natürlich hängt der Erfolg von Verstärkungen auch davon ab, wie dieser Lebensbereich räumlich bei Ihnen aussieht. Wenn zum Beispiel die Räumlichkeiten mit altem Zeug vollgestopft sind, können Sie soviele Wasserfallposter, Springbrunnen und Glückssymbole einbringen wie sie wollen, und trotzdem werden Sie immer noch Mangel erleiden, weil das Gewünschte einfach nicht Platz hat. Sie werden versäumen, glückliche Zufälle als solche zu erkennen und für sich anzunehmen. Wenn die Hand voll ist, kann sie nichts mehr fassen.

Wenn wir etwas wirklich verändern und eine neue Situation „schaffen" wollen, müssen wir grundsätzlich unsere alte oder die von anderen Menschen vorgegebene Form auflösen. Wenn wir einer unerwünschten Form nur die gewünschte gegenüberstellen, lösen wir damit allein die unerwünschte Tatsache nicht auf. Es bestehen dann zwei Formen und zeigen sich abwechselnd im Leben. Wir dürfen, können und müssen uns schlußendlich für die bessere entscheiden. Dazu müssen wir erst einmal wissen, was die Dinge und Formen um uns herum bedeuten. Der Erkenntnisprozeß im spirituellen Feng-Shui ist daher eine wesentliche Hilfe zur schnelleren Entwicklung. Er ist der verbindende Geist, der die Gegensätze versteht und auflöst. Negative Gefühle verflüchtigen sich immer mehr, und die alte Form verblaßt. Ein gebundenes Potential wird frei und steht für neue positive Entwicklungen zur Verfügung, die schnell die bessere Form füllen und sie erstrahlen lassen.

Die Einsicht, daß Sie z.B. von dem vielen alten Zeug fast erdrückt werden, läßt Sie gründlich überlegen, was davon Sie wirklich nicht mehr brauchen. Sie läßt die Angst vor dem „Nichts-haben" weichen. In dem Maße, als die Angst weicht, wächst das positive Gefühl der Zuversicht und die Freude auf Neues. Es fällt Ihnen immer leichter, bestimmte Dinge oder Bewußtseinsinhalte loszulassen.

Dies läßt neue andersartige Formen (Ideen) entstehen, und sie können sich schnell füllen, weil die Freude dafür zur Verfügung steht. Solange Sie etwas einschränkt und bedrängt, geht es Ihnen höchstens auf die Nerven, und Sie geben ihm diese Qualität von Energie. Doch damit kann es sich nicht auflösen. Die unguten Dinge im Leben können nur dann verblassen, wenn Sie ihnen aufgrund der Ein-sicht keine Energie mehr geben.

Ein anderes Beispiel: Wir alle haben oft eine schlechtes Gewissen, weil wir irgend etwas nicht gemacht haben. Durch das schlechte Gewissen allein ändern wir diese Tatsache nicht. Auch nicht, wenn wir das schlechte Gewissen verdrängen und nicht zulassen wollen. Wir haben nämlich damit bereits eine gegensätzliche Energieform erzeugt, die wir auch wieder auflösen könnten, wenn wir wollten. Dazu bedarf es erst einmal dieser Erkenntnis. Die Art der Veränderung entspricht dann der Art der Ein-sicht. Sie bestimmt die Entscheidung, den Zustand des schlechten Gewissens wieder aufzulösen, indem wir zum Beispiel nachholen, was wir versäumt haben zu tun, oder es wird uns klar, daß das schlechte Gewissen unrealistisch ist. Die Erkenntnis verhilft uns zur Entscheidung der bewußten Auflösung von unerwünschten Zuständen.

Es gibt dafür eine leichte mentale Übung: Indem Sie sich immer wieder intensiv vorstellen, wie ein als unerwünscht erkannter

Zustand vor Ihren Augen verblaßt, verschwindet dieser immer mehr aus Ihrem Leben. Derweil er verschwindet, entsteht schon ein neues schöneres Bild vor Ihrem geistigen Auge.

Das Geheimnis des mystischen Aspektes des Feng-Shui können wir nicht sehen, sondern nur erfahren.

Erfahrung ist nicht das, was uns widerfährt.
Erfahrung ist die Bewältigung dessen, was uns widerfährt.

(Zitat)

8. Analyse im Zusammenhang, einfache Interpretationen

Nun müssen wir alle Fakten und ihre Bedeutungen in Zusammenhang bringen. Die Kunst einer zutreffenden, aussagefähigen Analyse und damit auch der sinnvollen Lösungen liegt in der richtigen Verbindung aller Details.

Die Bewohner eines Hauses erleben die verschiedenen Themen unterschiedlich. Derjenige, der finanziell für das Wohnen und Leben aufkommt, erlebt sie mehr in der aktiven Form, der oder die andere(n) in der passiven, das heißt in der Anpassung.

Liegt zum Beispiel bei einer Familie mit Kindern und nicht- berufstätiger Frau, die Küche im Bereich „Erfolg" zum Garten oder der Terrasse hin, wird der Mann kreativ versorgend nach draußen wirken und die Frau nach drinnen. Bei ihm wird seine handelnde Kreativität und Versorgung seinen Beruf prägen (z.B. Handelsvertreter), bei der Frau das Familiengeschehen. Beide werden von anderen Menschen als kreative, versorgende Personen gesehen werden. Dies bestimmt sogar ihr Ansehen. Die Art der Räumlichkeit (ob hell oder dunkel, funktionell oder chaotisch, sauber oder schmuddelig, etc.) wird zeigen, wie dieses Ansehen aussieht, und wie man sich selbst dabei fühlt. Was man also fabriziert, und wie man es weitergibt. Ist die Situation unerfreulich, wird der Mann sie eher aggressiv erleben und die Frau depressiv, ist er vielleicht aufgekratzt und die Frau eher betrübt. Ist die Küche einladend, freundlich und hell, macht ihm der Beruf Freude, ebenso wie die Frau in der Versorgung der Familie ihre Erfüllung findet. Drehen sie dem Geschehen bei der Arbeit den Rücken zu, wird er nervös sein und sie unglücklich. Verbunden mit einem dunklen engen Flur, der geradewegs auf eine solche Küche im „Erfolg" zuführt, würde man den Erfolg als „Muß" empfinden, welches einem unterschwellig den Beruf, die Situation oder das Leben überhaupt, schwer und bedrückend erscheinen ließe. Es ist, als wäre man nur auf der Welt, um mit seinem Tun erfolgreich zu sein, aber nicht unbedingt glücklich. Läge die Eingangstür im Bereich „Karriere", was ja heißt, daß man selbständig und selbstverantwortlich seinen Weg geht, und weiß oder wissen sollte, was man will, wäre man mit diesem Beruf bzw. der hausfraulichen Tätigkeit von seiner Selbstverwirklichung noch weit entfernt. In deren Natur liegt nämlich die Freude. Allein der dunkle, enge Flur, der durch die Selbstwahrnehmung führt, würde andeuten, daß man das Thema für sich noch nicht verwirklicht hat. Ziemlich sicher liegt dann auch das WC im Bereich „Karriere".

Die Nuancen des Erlebens reichen von ablehnender Verdrossenheit bis zur niedergeschlagenen Annahme und hängen auch davon ab, ob man anderswo einen Ausgleich hat und welchen, und ob nicht irgendwo ein großes Defizit bezüglich eines anderen Lebensbereiches vorhanden ist. Thema ist eine berufliche Veränderung, bzw. eine Veränderung der Einstellung zu „seinem" Ziel.

Die Gegebenheiten stehen in Wechselbeziehung zueinander, bedingen und kreieren einander, und so ergibt eins das andere.

Wenn zum Beispiel das Vorzimmer groß und geräumig ist und sich mit der Eingangstür im Bereich „Hilfreiche Menschen" befindet, daneben eine Toilette ist, wird sich eine möglicherweise im „Zentrum" befindliche problematische Wendeltreppe ganz anders auswirken, als wenn der Eingangsbereich im „Lernen" liegt und sich die Eingangstür auf einer schrägen Linie befindet.

Im ersten Fall besagt der große Eingangsbereich, daß man offen, gesellig und großzügig ist. Das Vorzimmer steht für die Art der Aufnahme und die Eingangstür für das Thema. Im Bereich „Hilfreiche Menschen" ist also das Thema grundsätzlich die Kommunikation, das Geben-Nehmen, Freundschaft und Austausch. Nachdem aber im „Zentrum", dem Bereich der Selbstwahrnehmung, sich eine Wendeltreppe befindet, deutet dies darauf hin, daß man bezüglich seiner Selbstwahrnehmung einen bohrenden Schmerz empfindet. Angenommen die Wendeltreppe führt hinauf in ein Schlafzimmer, wird sich der bohrende Schmerz auf Zukunftsängste in der Partnerschaft beziehen. Welcher Art diese Ängste sind, zeigt die Lage des Schlafzimmers. Liegt es z.B. im Bereich „Reichtum", betreffen sie die geschlechtliche Gleichberechtigung und den finanziellen, rationalen Aspekt einer Partnerschaft und die körperliche Liebe, den Sex. Das Vorzimmer zeigt, daß viele Menschen, Chancen und Gelegenheiten ins Leben kommen, die Toilette, daß man diesbezügliche Bewußtseinsinhalte loslassen und differenzieren und selektieren muß. Ist die Toilette ungünstig situiert, wird man das nicht wahrhaben wollen und daher immer wieder seine Meinung über andere Menschen revidieren müssen, seine Offenheit und Hilfe bereuen und echte hilfreiche Chancen verpassen. Vielleicht hat man über diesen Weg an einen Partner viel Geld verloren, und man quält sich mit Selbstvorwürfen oder umgekehrt, und es quälen einen Schuldgefühle bezüglich des Partners. Bei einer Wendeltreppe gehen solche Gefühle sehr tief. Natürlich könnte jemand eine solche Situation auch auf einem anderen Level erleben, doch die Grundqualität bleibt die gleiche.

Oft haben wir quälende Gefühle längst „vergessen", da kann es sein, daß wir in eine neue Wohnung einziehen und damit plötzlich wieder mit einem Thema in Berührung kommen, das in der vorherigen Wohnung nicht relevant war. War es schon da, aber nicht bewußt, und wurde nicht erlöst, dann bekommen wir es nun wesentlich deutlicher gezeigt.

Jedenfalls wird man die Wendeltreppe anders erfahren, wenn der Eingangsbereich im „Lernen" liegt und/oder die Tür auf einer schrägen Linie. Hier ist das Leben von einem intensiven Lernprozeß als solchen geprägt, vom eigenen Wissen und von der eigenen Persönlichkeit. Mit der schrägen Linie, auf der sich die Tür befindet, macht man bestimmt schlechte Erfahrungen. Die eigene Sichtweise bezüglich der ganzen Situation ist schräg (unehrlich). Man ahnt bereits, daß etwas schiefläuft, getraut sich das aber nicht einzugestehen, oder handelt nicht danach. Große Zweifel bezüglich der eigenen Person, der Erfahrungen und des Wissens ergeben sich, gleichzeitig fühlt man sich in der Persönlichkeitsentwicklung angegriffen und wird das dann auch. Die Wendeltreppe in der Mitte, der bohrende Schmerz, eine tiefe Verletzung bezüglich seiner selbst, verstärkt diese Wirkung noch. Man empfindet sich vielleicht als absoluter Versager, oder man hielt sich einmal für so unschlagbar gut, daß einem eine unvergessene Kritik noch immer wurmt. Es muß etwas gewesen sein, das man nie verwinden konnte und verdrängt hat. Nun wird es aber wieder aktuell und plagt einen aufs Neue.

Gerade in solchen Fällen hilft das Bewußtwerden durch Erkennen in der Wohnsituation immens weiter. Ich denke man kann die Themen als Formen und Gegenstände leichter annehmen. Eine Wendeltreppe ist so anschaulich und be-greifbar, und eine schräge Linie so er-sichtlich und wirkt so harmlos. Eine Schrankkante scheint so unpersönlich und die Spüle direkt neben den Herd ist höchstens lästig. Daß eine Toilette zum Loslassen gedacht ist, scheint selbstverständlich. Vor allem machen all diese Dinge den Eindruck, daß es nicht so schwer sein kann, Unausgewogenheiten loszuwerden. Ist es auch nicht. Jeder kann die angeführten Lösungen durchführen. Wir bekommen das Unfaßbare zu fassen. Eine vorhandene problematische Situation im Leben relativiert sich.

Befindet sich zum Beispiel im obigen Fall das Bad und die Toilette im Bereich „Familie", dann finden wir dort die Ursache. Hier heißt es die Sache bereinigen, sich davon reinigen und sie endgültig loslassen. Wenn wir die schräge Eingangslinie symbolisch ausbalancieren, die Wendeltreppe möglichst angenehm gestalten, Badezimmer und WC die entsprechende Aufmerksamkeit schenken und den Energiefluß bzw. die Energiequalität korrigieren, werden sich die Dinge endlich auflösen.

Das wird sich im Privatleben zeigen und auch im Beruf auswirken. Das heißt nicht, daß man im Büro oder Geschäft dieselbe räumliche Situation antrifft, aber man erkennt das Thema wieder, wenn auch auf andere Art.

Hat man zum Beispiel zu Hause den Eingang im Bereich „Hilfreiche Menschen", tendiert zu „Karriere", die Eingangstür öffnet sich nach links, ist man partnerschaftsorientiert und beruflich in einer selbständigen Position mit Kundenkontakt oder Klienten. Führt nun ein langer schmaler Flur durch das ganze Haus geradewegs auf eine Hintertür zu, dann liegt diese im Bereich „Ehe" verbunden mit „Erfolg". Grundsätzlich wird man ein selbständiger, hilfreicher Mensch sein und mehr oder weniger aggressiv (je nach Gestaltung des Flurs und der Hintertür) seinem Ziel zustreben. Man wird denken, das Leben ist ein Kampf, und möchte gemeinsam mit einem Partner Erfolg haben. Man braucht einen Partner, weil man selbst in sich unausgeglichen ist. Man lebt seine weibliche Seite zu wenig positiv, denn die Energie fließt zu energisch in Richtung Hintertür im Bereich „Erfolg" – "Partnerschaft". Sie ist dabei sosehr nach vorne gerichtet und auf das Ergebnis konzentriert, daß man leicht übersieht, was inzwischen Neues zur Tür hereinkommt. Da der Flur sehr eng ist, kommt ohnehin nur eins nach dem anderen, was einem wiederum zu wenig ist (bei so viel Erfolgsstreben), und das macht nervös. Umsomehr glaubt man dann sich anstrengen zu müssen. Das ist ein sehr destruktiver Kreislauf, der auf das Herz geht und die Organe im mittleren bis unteren Bauchbereich.

Im Büro könnte es nun sehr leicht sein, daß man diese Überforderung ausdrückt, indem man am Schreibtisch mit dem Rücken zur Tür sitzt, wenn der Sitzplatz zu nahe oder direkt im Eingangsbereich liegt. Man kann hier soviel auf einmal nicht verkraften, möchte schnell die eine Sache erledigt haben, bevor die nächste kommt. Unbewußt dreht man dem, was im Moment zusätzlich hereinkommen könnte, ablehnend den Rücken zu. Man fühlt sich davon gestört. Das wird man ja auch immer wieder, denn die Momente reihen sich zu einem ganzen Tag. Dies macht nervös, und umso schneller versucht man zu arbeiten.

Die Situation im Büro ist der von zu Hause entgegengesetzt und scheint paradox, und trotzdem ergänzt sich hier das Thema.

Korrigiert man nun daheim den Flur, und stellt man im Büro die Möbel um, wird sich einiges im Bewußtsein verändern. Man lernt nun den Dingen ruhig entgegenzusehen, arbeitet konzentrierter und effizienter und hat plötzlich mehr Zeit. Würde man dann zu Hause noch den Eingangsbereich verspiegeln, kämen doppelt soviele Möglichkeiten ins Leben, die man dann auch verkraften und nutzen könnte, und das alles mit weniger Streß als vorher.

Ich habe wiederholt erlebt, daß allein durch die Bewußtmachung bei manchen Menschen ein Thema schon anfängt sich aufzulösen. Allerdings ist es auch oft so, daß manche sich in der Wandlungsphase beklagen, doch das geht schnell vorbei.

Dieses sind aus einem Gesamtzusammenhang heraus gegriffene Beispiele, wie ich sie so oder ähnlich -zigmal erlebt habe und die Ihnen zeigen sollen, wie sich das Zusammenwirken der einzelnen Situationen darstellen kann.

Aber man darf nicht den umgekehrten Schluß ziehen und sagen, wenn Arbeitsplatz mit dem Rücken zur Tür, dann zu Hause ein schmaler Flur. Dazu gibt es zu viele Gründe, warum man geneigt sein könnte, den Menschen und Dingen im Leben den Rücken zu kehren. Es kann Desinteresse sein oder Rücksichtslosigkeit, Ablehnung, aber auch Ratlosigkeit, Furcht etc.

Die Variationsmöglichkeiten sind unendlich. Jede Wohnung, jedes Haus und jedes Gebäude ist für sich einzigartig. Wie sieht das Umfeld aus? Was hat es für eine Qualität? Wie ist man in die Gegebenheit integriert? Über die Form des Grundrisses, die Form des Hauses, den Grundriß der Wohnung kommen Sie dem Thema näher, und es breitet sich immer konkreter vor Ihnen aus. Versuchen Sie nicht vorschnell eine einzelne Situation abzustempeln. Gehen Sie langsam vor. Betrachten Sie in Ruhe einen Raum, eine Situation nach der anderen, und ziehen Sie erst dann Ihre Schlüsse daraus. Sie werden dabei immer aufmerksamer werden. Dinge, die Ihnen am Anfang nicht aufgefallen sind, sehen Sie plötzlich sofort. Wir müssen erst unsere Wahrnehmung schulen und wieder mehr lernen, Qualitäten anstatt nur Quantitäten zu erfassen.

Bei der Wahrnehmung der Dinge müssen wir in Bildern denken und sie wie bei einem Puzzle zusammenfügen. Das Teilchen eines ganz bestimmten Gesamtbildes, paßt nur in dieses und kein anderes. Trotzdem ist das Stück von einem Haus ähnlich dem eines anderen, und der Teil eines Daches gehört immer aufs Dach.

Wenn Sie einen Raum betreten, achten Sie zuerst darauf, welche Wirkung er auf Sie hat, registrieren Sie dann die vorherrschende Farbe, die Lichtverhältnisse, die Grundrißlinien, die Fenster, den Boden, die Möbel. Wie sieht der Raum genau aus? In welchem Lebensbereich liegt er? Ordnen Sie die Einrichtung wiederum den einzelnen Bereichen im Raum zu, indem Sie nun das Ba gua auf diesen Raum anlegen. Gehen Sie so alle Räume durch. Am schnellsten bekommt man die Übersicht, wenn man einen Grundriß oder zumindest eine Skizze zur Hand hat.

Ist zum Beispiel das Schlafzimmer im Bereich „Ehe", und die Betten darin stehen mehr im „Reichtum" des Raumes, die Tür vielleicht in „Hilfreiche Menschen", hat dies eine andere Aussage, als wenn das Schlafzimmer im Bereich „Reichtum" liegt, die Betten darin in „Ehe" und die Tür wiederum in „Hilfreiche Menschen". Gemäß den vorherigen Ausführungen hat die Partnerschaft mit dem Schlafzimmer im „Reichtum" ein anderes Thema als im Bereich „Ehe". In beiden Fällen geht es um den Ausgleich von Yin und Yang als solchen, entweder mehr im Äußerlichen (Reichtum) oder im Innerlichen (Ehe). Die Prioritäten sind verschieden. Auch das Thema „Hilfreiche Menschen" wird sich jeweils anders auswirken. Es könnte beim Schlafzimmer im „Reichtum" eine körperliche oder finanzielle Abhängigkeit andeuten, beim Schlafzimmer im Bereich „Ehe" eine Abhängigkeit von der Ergänzung, eine sogenannte Beziehungssucht. Man glaubt, man könne nicht allein „existieren" und braucht deshalb unbedingt einen Partner. Wie auch immer, die Aussagen sind sehr diffizil. Auf jeden Fall sollten wir das Thema, so wie es sich zeigt, nicht ablehnen. Bejahen wir es, kann uns das schnell weiterbringen. Denn die Tür im Bereich „Hilfreiche Menschen" zeigt, daß wir kommunizieren, also darüber reden und uns über die Qualität des Austausches und der Ergänzung klar werden müssen. Wir sind uns dann gegenseitig eine echte Hilfe. Bringen wir dann noch Unausgewogenheiten im Raum in Harmonie, können wir das gestellte Thema, ob im Bereich „Ehe" oder „Reichtum", sehr schön erleben.

Zuerst stellt sich immer die Frage, wie etwas entstanden ist, dann möchten wir wissen, was zu tun ist, und schließlich, wann der Erfolg eintreten wird, und das ist eine Frage unserer Bereitschaft zur Bewußtseinsveränderung und der Intensität unseres Wollens.

Bewußtsein ist denkendes, liebendes Sein. Je höher unser Bewußtsein entwickelt ist, desto feiner ist die Substanz und höher die Schwingung, und desto schneller ereignet „es" sich. Je mehr wir die Gegensätze Raum und Zeit überwinden, desto schneller ist die Abfolge von Idee und Ausdruck, werden Raum und Zeit fast zur Gegenwart. Erinnern Sie sich an das kosmische Prinzip der Drei: Wie – was – wann. Der Rhythmus ist individuell.

Abschließend zwei Analysen von Grundrissen, wie sie mir per Fax oft zugehen. Sie eignen sich ganz besonders als praktische Beispiele, weil sie so verschieden sind.

Bei den angeführten Wohnungen, sind die Bewohner mit der Veröffentlichung der Abbildung ihres Grundrisses und einfachen Beschreibung ausdrücklich einverstanden.

Selbstverständlich kann man allein anhand vom Grundriß nur auf das Wesentliche eingehen und es bleibt den Betroffenen weitgehend überlassen, wie sie die Lösungen umsetzen. Bei einer Beratung vor Ort können die räumliche Atmosphäre und der persönliche Stil bei den Veränderungen berücksichtigt werden, und nicht sichtbare Gegebenheiten können erspührt werden. Die Beratung ist dann natürlich viel umfangreicher. Schriftliche Analysen erfordern ein sehr großes räumliches Vorstellungsvermögen, Intuition und Erfahrung, da der persönliche Kontakt fehlt. Außerdem besteht die Gefahr, daß wichtige Details am Plan fehlen, besonders wenn es sich um komplizierte Gebilde handelt.

Trotzdem eignen sich Pläne hervorragend zum Üben der Interpretation, da man durch nichts abgelenkt wird. Eine darauf folgende Nachschau bzw. Nachberatung vor Ort ist jedoch empfehlenswert.

Beispiel 1

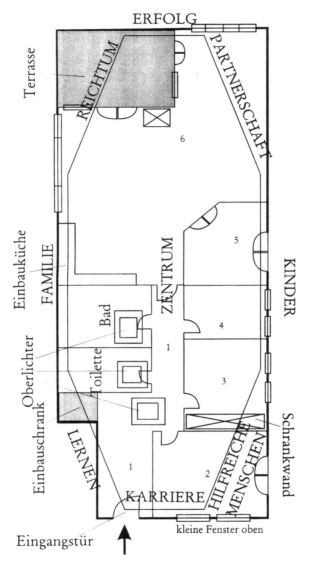

1. Flur, 2. Büro, 3. Gesprächsraum, 4. Gästeraum, 5. Schlafraum, 6. Wohnraum.

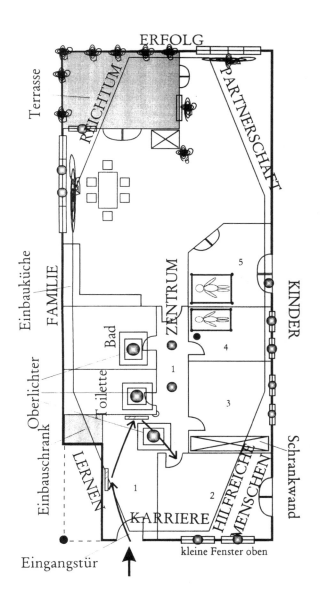

ERFOLG

Terrasse

REICHTUM

PARTNERSCHAFT

Einbauküche

FAMILIE

ZENTRUM

KINDER

5

Bad

Oberlichter

Toilette

4

1

3

Einbauschrank

LERNEN

1

2

HILFREICHE MENSCHEN

Schrankwand

KARRIERE

kleine Fenster oben

Eingangstür

1. Flur, 2. Büro, 3. Gesprächsraum, 4. Gästeraum, 5. Schlafraum, 6. Wohnraum.

Wir haben hier die Skizze von einer „ganz normalen" Wohnung ohne gravierende Besonderheiten. Die Wohnung wurde von der Bewohnerin vor kurzem erst bezogen. Bei der Skizzierung ist es immer wichtig, daß die Proportionen stimmen, sodaß man das Ba gua richtig einzeichnen kann, und das genaue Wiedergeben der Anordnung der Türen, sowie die Beschreibung irgendwelcher Besonderheiten, wie Balken, Säulen, Fenster, Stufen, etc.

Beschreibung: Wohngegend, kleiner Garten herum, umgebautes ehemaliges privates Schwimmbad, also ebenerdig, mit Flachdach und zum Teil Oberlichten. Keine besonderen Vorkommnisse im Umfeld. Alle Rohre des ehemaligen Schwimmbeckens müßten entfernt und der Hohlraum aufgefüllt worden sein.

Der Eingang liegt halb im Bereich „Karriere" und halb im Bereich „Lernen", und die Tür öffnet sich nach rechts. Auch die Türen in die Räume 2,3, und 4 öffnen sich so. Man ist also überwiegend rational orientiert und braucht eine eigene finanzielle Basis. In die Gästetoilette und das Bad gehen die Türen andersherum auf und in das Wohnzimmer nach außen. Beim Schlafzimmer kommt es darauf an, welchen Flügel man eventuell fixiert oder ob man sie wirklich beide beim Eintreten öffnet.

Der Eingang zum Büro befindet sich im Bereich „Karriere", und das Büro selbst und der Gesprächsraum im Bereich „Hilfreiche Menschen". Der Gäste- und Schlafraum sind im Bereich „Kinder", Bad und Küche im Bereich „Familie". Im Lernbereich ist teils das Vorzimmer, ein Einbauschrank und die Gästetoilette.

Der Grundriß ist fast ausgeglichen, nur im „Lernen" fehlt ein Stück. Der Bereich „Reichtum" liegt zum Teil draußen, ebenso ein Teil des „Erfolgs".

Grundsätzlich ergibt sich daraus folgende Interpretation der Lebenssituation:

Der Lebensabschnitt ist geprägt von Selbständigkeit aufgrund der eigenen Erfahrung und des Wissens, verbunden mit einem Beruf als Berufung, um anderen Menschen zu helfen. Dieses Helfen hat einerseits viel mit Gesprächen zu tun, es müssen Beratungen sein oder Ähnliches, und andererseits mit dem Vermitteln von Kommunikation und Austausch. Dies zeigt die Situierung des Arbeitszimmers und des Gesprächszimmers im Bereich „Hilfreiche Menschen", wobei der Eingang zum Arbeitszimmer ja noch im Bereich „Karriere", also Thema, liegt. Das Vermitteln ist daher vorrangiger. Die beiden Räume sind mit einem Einbauschrank voneinander getrennt und haben auch jeweils eine eigene Tür und stellen so zwei verschiedene Themen dar. Sie sind aber von derselben Gesinnung geprägt. Beide Eingangstüren befinden sich jeweils im Bereich „Hilfreiche Menschen".

Bezüglich der eigenen Erfahrung, der Persönlichkeit und des Wissens, besteht jedoch noch ein Defizit in der Wahrnehmung des gesamten vorhandenen Potentials und dieses kann daher nicht voll genutzt werden. Vielleicht ist es die Fähigkeit anderen das eigene Wissen zu lehren. Die Terrasse halb im „Erfolg" und „Finanzen" lassen auf Lehrtätigkeit außerhalb schließen, oder auf schriftliche Beratungen. Der Einbauschrank in der Größe eines Abstellraumes, zeigt einen starken, aber halb unsichtbaren Persönlichkeitsanteil an, der zwischen diesem Defizit und der Gästetoilette liegt. Im Bereich „Lernen und Wissen" beinhaltet er im übertragenen Sinne wahrscheinlich das, was man für besondere Fälle an Wissen und Können braucht, und welche man bei Bedarf hervorholt, oder wie man sich dabei gibt.

Die Gästetoilette zeigt, daß man den Menschen, denen man beratend hilft, oder die man zeitweise in sein Leben aufnimmt (man betrachtet sie eher als Kinder), dazu verhilft, gewisse Bewußtseinsinhalte bezüglich ihrer eigenen Persönlichkeit loszulassen. Man arbeitet dabei viel mit dem Thema Familie. Es ist als wenn diese das stellvertretend für einen selbst tun sollen. Wir lernen immer an und mit den anderen Menschen. Das ist hier sowieso angesagt und macht den Beruf aus.

Bad und Küche mit Eßplatz im Bereich „Familie" zeigen, daß man einerseits für eine Gruppe kreativ versorgend tätig ist, andererseits diesbezüglich eine Reinigung, Bereinigung und Loslassen von bestimmten Einstellungen dazu, vorgesehen sind. Hier verändern und klären sich bezüglich des Zusammenseins in einer Gruppe (Gemeinschaft, Gesellschaft, Menschheit) Bewußtseinsinhalte und Gewohnheiten. Das Veränderliche und Fließende ist im Äußerlichen klar getrennt von der Versorgung. Unbewußt nicht, denn die Abflüsse gehen ineinander über.

Die Eingangstür in den privaten Bereich, zu Küche, Eß- ,Wohn- und Schlafzimmer öffnet sich nach außen. Dieser Bereich macht exakt die andere Hälfte des Wohn- sprich Lebensbereichs aus. Ist großzügig und harmonisch aufgeteilt. Man hat gute Kontakte nach draußen, ein angenehmes Umfeld und genießt Ansehen und Erfolg. Trotzdem ist es, als wenn man sich das nicht zugestehen wollte. Als wäre es zu schön um wahr zu sein. Thema der Partnerschaft sind Kinder bzw. gemeinsame Ideen. Doch manchmal lebt man das, indem man die Beschützerrolle übernimmt, oder das vom Partner erwartet.

Die Korrekturen sind hier einfach:

Verspiegelt man zur Gänze die linke Wand im Vorzimmer, verdoppelt sich der Bereich „Lernen und Wissen" und es kommen gleichzeitig doppelt viele Chancen, Gelegenheiten und Menschen ins Leben.

Dies ist kein Fehler, da das Haus in einer ruhigen Wohngegend und etwas abseits liegt, und das fördert nicht gerade eine rege Berufstätigkeit. Ist das Verspiegeln zu aufwendig, bringt man an der der Wohnungseingangstür gegenüberliegenden Wand einen großen Spiegel an und verstärkt so den Zufluß. Ansonsten sollte hier ein schönes großes Bild hängen. In diesem Fall sollte man in etwa in der Mitte der linken Wand den Garderoben-Spiegel anbringen, damit dieser die Energie um die Ecke lenkt. Den fehlenden Bereich kann man sich auch lt. Plan visualisieren.

In der Mitte des langen Flurs bringt man zwei Hängelampen an oder Mobiles, um den Energiefluß leicht zu bremsen.

Die sich nach außen öffnende Wohnzimmertür korrigiert man mit einem kleinen Spiegel an der gegenüberliegenden Wand, der die Tür sanft nach innen ziehen soll.

Die Mauerecken im Flur rundet man in diesem Fall am besten mit Eckleisten ab. Vor die Ecke im Wohnzimmer neben der Vitrine könnte man eine schöne große Pflanze hinstellen.

Vor die übergroßen Fenster (sie reichen bis zum Boden) und die vordere Terrassentür (bei der seitlichen nicht) stellt man reichlich Pflanzen, und da sie jeweils der Tür gegenüberliegen, hängt man außerdem Mobiles und Kristallkugeln auf oder stellt da und dort noch Pflanzen in Körpergröße hin. In diesem Zusammenhang ist es auch besonders wichtig die Terrasse ebenfalls mit körperhohen Pflanzen abzugrenzen. Die Terrasse in diesem Bereich zeigt, daß Erfolg und Geld mit Arbeit in der Öffentlichkeit verbunden ist, was in diesem Fall mit Beratung und Lehrtätigkeit zu tun haben dürfte.

In den Oberlichten machen sich geschliffene Kristallkugeln besonders gut, weil sie einen schönen regenbogenfarbigen Reigen in die Räume werfen und diese mit guter Energie von oben füllen. Eventuell müßte man im Bad und WC noch korrigierend eingreifen und in der Küche bei Herd und Wasser. Das kann man aus dem Plan nicht ersehen und muß später geklärt werden.

Nun könnte man noch mit einem Springbrunnen auf der Terrasse den Bereich „Reichtum" einfassen und verstärken.

Alles in hellen freundlichen Farben (nicht weiß) gehalten, mit einem naturfarbenen hellen Boden (z.B. Sisal) und leichter sparsamer Möblierung, dann kann man sich hier schon sehr wohlfühlen und gut entfalten.

Korrigiert man nicht, könnte man allerdings lange brauchen, bis man dies für sich annehmen kann. Die sich nach außen öffnende Wohnzimmertür zeigt deutlich an, daß man Hemmung hat die Leichtigkeit des privaten Bereichs anzunehmen. Sie ist hauptsächlich bestimmt von Erfolg, Geld und Partnerschaften außerhalb des Hauses. Es ist, als hätte man Angst vor Illusionen, und das mit Recht bei diesen übergroßen Fenstern bis zum Boden. Der Durchfluß im unteren Bereich enstzieht eiem die sichere Basis.

Auch könnte man ohne Korrektur seine Erfahrungen und die Persönlichkeit nur halb einbringen, und würde die sich ergebenden guten Möglichkeiten kaum wahrnehmen. Das Leben könnte dann schwer und enttäuschend werden.

Beispiel 2

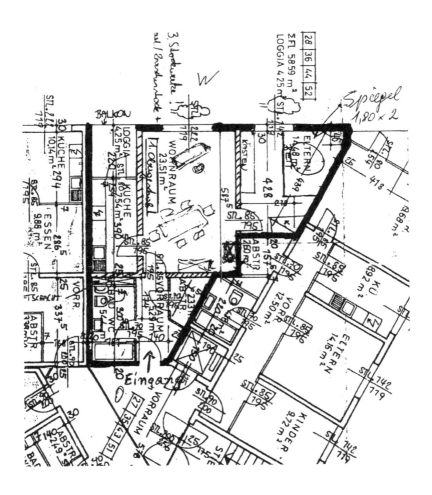

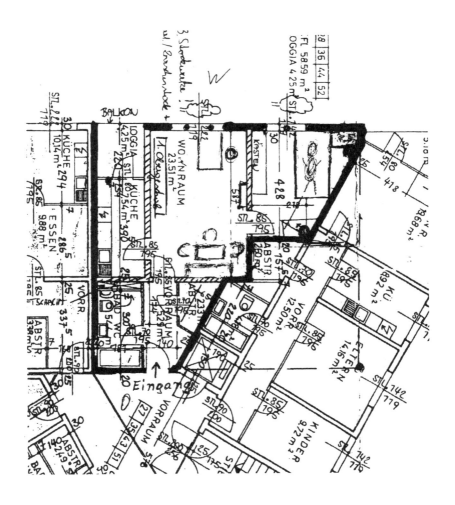

Dieses Beispiel zeigt eine Wohnung im originalen Bauplan und ist etwas komplizierter als die vorhergehende. Die junge Frau wohnt seit dreizehn Jahren in dieser Wohnung.

Beschreibung: Wohngegend Wohnblocks bzw. Hochhäuser, in der Nähe Stadtverkehr, Autobahn und Friedhof. Die Wohnung befindet sich im Hochparterre bzw. dem ersten Stockwerk eines 13-stöckigen Hauses, da unten halb im Keller Geschäfte untergebracht sind. Rundherum viele hohe, nahestehende Bäume, die viel Schatten in die Wohnung werfen.

Wir sehen auf Anhieb, daß hier große Teile im Grundriß fehlen. Diese Teile sind durch die Nachbarwohnung fremdbesetzt. Die Linie verläuft blitzartig, was beide aber in der Realität nicht sehen. Würde man die Form vollenden, läge der Punkt mitten im Elternschlafzimmer der Nachbarwohnung. Im Bereich „Karriere" läge dann der gemeinsame Lift, und das Badezimmer der Nachbarn und ein Abstellraum. Im Badezimmer ist die Toilette in direkter Linie unmittelbar an der Tür. Im Bereich „Kinder" befände sich ein Teil der Küche und gerade noch der Eingang zum Wohnzimmer.

Die abgetrennten Räume zeigen die Berührungspunkte mit den Menschen der Nachbarwohnung. Sie stellen im übertragenen Sinne nahestehende Menschen dar.

Ein blitzartiges, fürchterliches Ereignis hat diesen Teil abgetrennt und ins Unbewußte verdrängt. Das hatte mit Technik zu tun. Denn der Lift liegt im abgetrennten Bereich „Karriere", Lebensthema, Weg und Ziel. Andere Personen fahren damit schnell hinauf und herunter, während man selbst „unten" bleibt. Dies ist das eigentliche Thema, davon ist die Situation grundsätzlich geprägt. Nachdem es nicht bewußt ist, wird einem das Leben mit vergleichbaren Geschehnissen immer wieder darauf hinweisen.

Es ist, als würde man mit der schrägen Linie seine Daseinsberechtigung deshalb gewaltsam nach außen drängen wollen, um sich damit wenigstens den Abstellraum noch hereinzuholen. Sonst weiß man überhaupt nicht, was man da soll. Abstellräume sind da, um etwas, das man ständig oder zumindest ab und zu braucht, aufzubewahren. Es wäre interessant zu wissen, was hier hauptsächlich aufbewahrt wird, um zu sehen, welcher Art dieses Potential ist und was der Abstellraum in diesem Bereich für einen Sinn hat.

Der ganze Bereich „Karriere" ist mit einer schrägen Linie wie durchgestrichen. Auf der einen Seite hängt der fensterlose Abstellraum und auf der anderen Seite der Lift mit Nachbars Bad mit WC in direkter Linie. Liegt das WC in direkter Linie, und so unmittelbar in der Nähe der Tür, kann man das, was man loslassen sollte, überhaupt nicht fassen. Die hilfreichen Menschen sind außerhalb der Alltagsrealität und doch nebenan. Ihr ebenfalls fensterloser Abstellraum hat ebenfalls die Tür nach außen aufgehend. Beide Abstellräume zeigen eine Vier mit schräger, unsichtbarer Erweiterung zur unbewußten Fünf. Die Fünf steht für die Bewußtwerdung des Menschen.

Die Wohnungseingangstür liegt im Bereich „Lernen" in Richtung Selbständigkeit. Sie öffnet sich nach links. Ebenso die anderen Türen, außer der ins Schlafzimmer. Man ist ein Gefühlstyp, partnerschaftsorientiert und möchte/braucht einen Partner für den existentiellen Daseinskampf. Man ist sehr von seinen Gefühlen und der Intuition abhängig und fühlt sich sehr allein. Aus diesem Grund empfindet man das Leben als Kampf, wie wir später sehen werden. Die Wohnzimmertür (im Bereich „Familie") liegt der Eingangstür leicht versetzt gegenüber. Hier bestehen Meinungsverschiedenheiten bzw. innere Konflikte zwischen Familie, einer Gruppe und dem eigenen Thema. Sie betreffen hauptsächlich das eigene Wissen und die Persönlichkeit in Verbindung mit der Selbstwahrnehmung, sie wird von mehreren „Personen" mitbestimmt, was der Eßplatz besagt. Es hat mit Gruppenbewußtsein, Gemeinschaft, Gesellschaft und Menschheit im weitesten Sinn zu tun.

Der Schreibtisch im Bereich „Erfolg" zeigt, daß man mit dem Intellekt nach außen wirkt und auch so gesehen wird. Aber er steht schräg und so stellt sich hier etwas quer. Man ist sich mit seinem Ausdruck in der Arbeit selbst im Wege.

Die Küche im Bereich „Familie" zeigt, daß man in oder für eine Gruppe kreativ arbeitet, was wesentlich das existentielle Dasein bestimmt, und daß man auf diese Weise öffentlich tätig ist.

Vielleicht betrifft es eine Institution, oder ein öffentliches Amt. Es gibt jedenfalls zwei Möglichkeiten für das Arbeiten in oder für eine Gruppe. Einmal richtet es sich an verschiedene einzelne Menschen, und einmal hat es mit einer Tätigkeit in einer Gruppe zu tun, mit der man sein Selbstverständnis findet.

Das Schlafzimmer im Bereich „Partnerschaft", hat seine Tür im Bereich „Hilfreiche Menschen", im „Lernen" die Schränke, und das Bett im „Reichtum". Der große Schrank stellt, je nachdem wie er aussieht, eine mehr oder weniger mächtige Person bzw. einen Persönlichkeitsanteil dar, der den Lern- und Erfahrungsbereich in der Partnerschaft bestimmt. Das Bett im „Reichtum" muß oder hat man sich regelrecht erobert. Mit einem großen Spiegel am Betthaupt möchte man das noch unterstreichen, d.h. verdoppeln und damit verstärken. Man zwingt sich zu rationalem Denken und gesicherter Existenz mit einem Partner, was die seelisch-geistige Komponente zu kurz kommen läßt, und daher schief läuft. Das abgezwickte Bettende verheißt nichts Gutes. In der Diagonale, dem Schlafzimmer gegenüber liegt das Badezimmer und das WC darin befindet sich im „Ehe"-Bereich in direkter Linie zur Tür. Das Loslassen als Lernerfahrung bezieht sich auf Bewußtseinsinhalte bezüglich Partnerschaft. Dies zeigt ganz deutlich, daß eine Bereinigung und Veränderung in der Persönlichkeitsentwicklung stattfindet und stattfinden wird. Die Situation ist zwingend.

Im Wohnzimmer und ebenso im Schlafzimmer, stehen mächtige Bäume vor dem Fenster, die die eigene Energie auffangen, welche zum Fenster hinaus in das unmittelbare Umfeld fließt. Das heißt, die Aufmerksamkeit geht eher zu den Menschen in der Umgebung als zu sich selbst. Die Energie fehlt einem zur eigenen Selbstverwirklichung. Das ist in diesem Fall kein Fehler, weil man sehr viel Aggressionen in sich hat und nicht weiß wohin damit, solange die Wohnung nicht korrigiert ist. Auf Grund der vielen Erdenergie ist man ohnehin eher eine Kämpfernatur. Man würde regelrecht explodieren, weil der Lebensraum dafür zu klein ist. Das kann man am besten mit viel Sport kompensieren und ausagieren, weil diese Energie sonst zerstörend auf einen selber wirkt. Bei den unteren Stockwerken in einem Hochhaus ist die Erdenergie (Durchsetzungsvermögen) im Verhältnis zur kosmischen Energie im Übergewicht. Sie stellt in diesem Fall das Überlebenspotential dar. Da aber der Sinn des Daseins („Karriere" = Thema) nicht bewußt ist, kann man sie nicht zur Selbstverwirklichung einsetzen und muß sie außerhalb leben.

Die Sonne, unser Lebensspender, wird von den Bäumen zum Großteil geschluckt und kommt nicht richtig an die Wohnung im unteren Bereich des Hochhauses heran.

Der Lernprozeß liegt in der gewaltsamen oder gewaltigen (risikobereiten) Erfahrung des Körperlichen, der Erde, der „unteren" Welt. Dabei lastet ein riesiges Gebäude auf einen.

Ersichtlich in der Wohnung sind die schrägen Linien im Vorzimmer, Abstellraum und Schlafzimmer, aber nicht zusammenhängend, eher als die Form eines Blitzes. Der Abstellraum macht den innenliegenden Teil der „Karriere" aus, seine Tür geht nach außen auf, und er ist fensterlos. Hier staut sich Energie und drängt nach draußen, gleichzeitig hat man Hemmung sie anzunehmen.

Es ist eine ziemlich paradoxe Situation. Der Widerspruch zeigt sich ja auch mit den Türen wie oben beschrieben.

Korrekturen

Grundsätzlich sollte man bei der Korrektur dieser Wohnung keine Kompromisse eingehen. Hier muß man wirklich rigoros vorgehen, denn hier drängt langsam auch die Zeit.

Im Eingangsbereich sollte man die sich versetzt gegenüberliegenden Türen mit einem Spiegelstreifen ausgleichen und damit den inneren Zwiespalt beheben. In diesem Fall können die Türen gleich groß sein.

Auf der Seite der Eingangstür sollte man den Spiegel fortsetzen und gleich die ganze schräge Wand wegspiegeln. Damit holt man sich schon mal das Lebensthema als solches herein. Dieser Raum ist dann sozusagen leer, den Lift drückt es weiter hinaus und das Hoch-und Niederfahren der anderen tritt zurück.

Nach Möglichkeit sollte man die schräge Wand im Abstellraum auch verspiegeln, weil man damit die komplette Schräge
(das Durchgestrichene) im Bereich „Karriere" aufhebt. Gleichzeitig wird der Raum größer und zieht die Tür nach innen aufgehend hinein. Das läßt einem dann auch den Bereich ohne Hemmung annehmen. Es beinhaltet eine Berufung. Allerdings muß
man auf jeden Fall hier die Energie zum Fließen bringen. Dazu
hängt man innen, auf die Wand zum Wohnzimmer, ein Fensterposter oder malt ein Fenster an die Wand.

Im Badezimmer u n b e d i n g t zwischen WC und Hand-
waschbecken einen Paravent stellen oder Handtuchhalter, so
daß man das WC von der Tür uns nicht sieht. Außerdem wäre es
gut, noch ein Mobile oder eine Kristallkugel darüber zu hängen,
damit der Blick oben bleibt und nicht automatisch nach unten
geht. Der Lernprozeß wird dadurch enorm beschleunigt.

Die offene Seite der Loggia mit ein paar Pflanzen eingren-
zen. Entweder körpergroße Topfpflanzen oder Hängepflanzen in
Kopfhöhe.

Damit wirkt man dem wegfließenden Geld entgegen. In das
Fenster zur Küche eine Kristallkugel hängen.

Sollte sich in der Küche neben dem Herd ein Wasserelement
(Spüle, Geschirrspüler, Kühlschrank) befinden, dann muß man in
Richtung Wasser eine Spiegelfolie anbringen.

Im Wohnzimmer sollte man den Eßtisch, als auch den Schreibtisch gerade stellen und in das Fenster einen Feng-Shui Spiegel
hängen und eine Kristallkugel. Der Spiegel wehrt die massiven
Bäume ab, und die Kugel holt die farbigen Sonnenstrahlen herein. Beide verhindern übrigens, wie auch in der Küche und im
Schlafzimmer, daß Energie wirkungslos verpufft, denn nun kann
man sie ja sinnvoll einsetzen.

Im Schlafzimmer die Fenster gleich dem Wohnzimmer behandeln, und dann m u ß unbedingt der Spiegel über dem Bett
weg. Er entzieht Energie und spiegelt, also verdoppelt die schräge Wand. Diese kann man in diesem Fall am besten ausgleichen, indem man links und rechts, an den Enden der Wand, jeweils eine große gelbe Sonne in Augenhöhe hinmalt und dazwischen ein großes Bild mit einem schönen starken Motiv hängt.

Besonders auf einen hellen Boden achten, keine allgemeine Farbgestaltung mit kräftigen Farben, sondern Pastelltöne und viel silbrige und goldfarbene Accessoires. Dies zum Ausgleich der vorherrschenden Erdenergie, damit alles leichter und heller wird.

Man sollte als erstes mit dem WC im Bad anfangen, den Spiegel im Schlafzimmer entfernen und die Möbel gerade stellen. Dann die schräge Wand im Schlafzimmer, im Eingangsbereich und im Abstellraum korrigieren, und dann erst die Fenster. Diese Reihenfolge ist in diesem Fall wichtig. Man sollte sehr behutsam vorgehen, denn die Sache ist „hoch explosiv".

Erst wenn das alles gemacht wurde, kann die Wirkung noch positiv unterstützt werden, indem man in der Küche das Stück Wand zwischen Unter- und Oberschränke gegenüber der Tür (Arbeitsplatz bis Herd) verspiegelt und im Wohnzimmer, im linken vorderen Bereich ein Wasserfallposter anbringt. Dies unterstützt vor allem die Finanzen. Im Schlafzimmer kann man noch unterstützend die Farben rosa und weiß einbringen (Kirschblüten und viel Rosenquarz etc.), und auf den Schreibtisch einen Bergkristall stellen. Besonders die Räume mit den schrägen Wänden sollte man einem ausgiebigen Clearing unterziehen.

Bemerkung

In diesem Fall bewirken die Korrekturen eine große Lebensveränderung, da sie das Thema als solches erst erlösen.

Gebt nicht dem Alten die Kraft,
sondern dem Neuen die Möglichkeit!

(Zitat)

9. Hilfen zur Selbsthilfe, die kein Geld kosten und Veränderungen auf der seelisch-geistigen und der körperlichen Ebene unterstützen

Abschließend zum ersten Band der spirituellen Philosophie des Feng-Shui möchte ich Sie auf ein paar einfache Meditationen hinweisen. Es gibt viele Arten von Meditationen, und wenn Sie noch nie „meditiert" haben, was nicht der Fall sein kann, aber wenn Sie es noch nie extra bewußt gemacht haben, weil Sie dachten, das sei nichts für Sie, dann probieren Sie doch einmal nachfolgende einfache Übungen. Meditieren heißt nichts anderes als sich auf etwas konzentrieren, selbst wenn es darum geht an nichts zu denken und dadurch zur Ruhe zu kommen. Bei allem was wir tun, müssen wir uns mehr oder weniger stark konzentrieren. Der Unterschied liegt nur darin, daß unser Bewußtsein bei der Meditation nicht nach außen gerichtet ist, sondern nach innen, um die eigene Mitte zu finden.

9.1 Himmel-Erde Meditation

Stellen Sie sich die Verbindung des Menschen mit den Energien des Himmels und der Erde so vor:

Sie stehen aufrecht und ein Lichtstrahl aus der unendlichen Entfernung des Himmels strahlt auf Sie herab und tritt durch Ihren Kopf in Ihren Körper ein. Sie sehen das Licht in sich und wie es Sie durchströmt und über den Unterleib und die Beine in die Erde fließt, tief hinunter bis zum Magma. Hier verbindet es sich mit dem roten Feuer der Erde. Dann steigt es wieder hoch, fließt gleichermaßen durch Ihren Körper und kehrt zurück in die Unendlichkeit. Wie mit einer Schlinge sind Sie auf der Erde festgehalten. Sie sind das verbindende Element zwischen Himmel und Erde. Es ist wie das ständige nachvollziehen einer Acht, bei der Sie in der Mitte stehen.

Wenn wir diese Vorstellung üben, stärkt das unsere bewußte Verbundenheit mit unserem Planeten und damit unsere Verantwortung ihm gegenüber. Solange wir auf der Erde leben, sind wir mit ihr energetisch verbunden. Sie gibt uns die Kraft der Durchsetzung zum Leben auf ihr. Das ist für uns spürbar als Instinkt und auch begreifbar mit dem Verstand. Die Verbindung zum Himmel dagegen, ist mehr eine Erinnerung, deren wir uns erst wieder bewußt werden müssen. Wir fühlen sie als Liebe.

Mit dem Feuer des Verstandes (dem Licht der Erde) wandern wir durch die Unterwelt. Wir erkunden die „untere Welt". Mit der Liebe unseres Herzens (dem Licht des Himmels), erfahren wir die „obere Welt". Manchmal fliegen wir dem Himmel entgegen, manchmal stürzen wir in die tiefsten Tiefen. Bis wir eines Tages beide Lichter in uns vereint haben. Das Magma der Erde ist eine unvorstellbare Kraft und sie will erlöst werden. Das Licht des Himmels ist eine unvorstellbare Dimension und sie will erfahren werden. Die Kräfte des Himmels und der Erde stehen uns dann zur Verfügung und nichts ist uns mehr unmöglich. Unsere Erlösung findet nicht im Himmel statt, sondern hier auf Erden.

Diese Übung dauert nur ein paar Sekunden und Sie können sie immer und überall machen. Gerade dann, wenn Sie sich verlassen, mutlos oder traurig fühlen, oder auch wenn Sie abzuheben drohen, hilft Sie Ihnen schnell, sich wieder zu festigen.

9.2. Sonnenmeditation

Auch diese Übung können Sie überall machen. Allerdings sollten Sie zumindest am Anfang ein wenig Zeit des Alleinseins dazu haben.

Stellen Sie sich die aufsteigende Sonne am Horizont vor, wie sie sich langsam aus dem Meer hebt. Sie selbst sind diese Sonne und mehr oder weniger tief im Wasser. Aber es ist, als ob Sie da etwas festhält und verhindert, daß Sie aufsteigen können. Ihre Strahlen strecken sich wie goldene Fäden in das Firmament. Doch nach unten verlieren sich einige düster im Wasser. Sehen Sie hinunter, wer und was das in Ihrem Leben ist. Vielleicht

„hängt" da ein alter Groll, eine Schuld, eine Unzufriedenheit, ein Ärgernis oder Verdruß mit einer geliebten Person. Halten Sie sie nicht mehr länger da unten fest. (Er)-lösen Sie diesen Menschen aus seiner leidlichen Situation, indem Sie die Verbindung trennen. So, als ob Sie mit einem Tipex diese Linie unterbrechen. Erleichtert werden Sie feststellen, daß diese(r) nun wie eine Luftblase nach oben schwebt und sich erfreut in den Reigen der goldenen Fäden einreiht. Manche sausen ab wie eine Rakete, manche zögern. Indem Sie jedoch nacheinander solche unteren Bande lösen, werden Sie selbst immer leichter und heben sich mehr und mehr aus dem Wasser.

Probieren Sie es einfach aus und beobachten Sie die positive Veränderung in Ihrem Leben.

9.3. Die Fünf Tibeter

Es gibt viele Techniken zum Ausgleichen von Yin und Yang auf der körperlichen Ebene. Zum Beispiel Tai Chi, Qi Gong, Kinesiologie, usw., doch eines der einfachsten Mittel zur Transformation des Bewußtseins, die wir über unseren Körper bewirken können, sind die Fünf Tibeter. Sie sind eine geniale körperliche Konzentration des Ausgleiches von Yin und Yang auf den fünf Daseinsebenen, in nur etwa 15 Minuten täglich, mit phänomenaler Wirkung. Die Einfachheit ist frappierend und für jeden machbar.

Ich möchte sie hier nur kurz beschreiben, damit Sie sehen, um was es geht. B e v o r Sie jedoch mit den Fünf Tibetern anfangen, lesen Sie auf jeden Fall zuerst die näheren Beschreibungen zu den Übungen in einem der Bücher die auf dem Markt sind, z.B. von Peter Kelder „Die Fünf Tibeter", Integral Verlag 1989. Es gibt inzwischen auch Seminare. Außerdem ist es erst dann sinnvoll die Wirkung zu steigern, wenn Sie zuerst einmal die korrekte Ausführung der Übungen gelernt haben.

Bei der ersten Übung drehen Sie sich mit kleinen Schritten rechts herum im Kreis. Sie wechseln dabei in so schneller (Yang) Reihenfolge die Richtung, daß Sie trotzdem Ihren Standort nicht verlassen (Yin). Sie gleichen damit Ihr Wurzelchakra aus und können die Wirkung noch erhöhen, wenn Sie sich dabei die Farbe Rot vorstellen und sagen: **Ich bin.**

Bei der zweiten Übung liegen Sie am Boden und heben den Kopf und die Beine gleichzeitig hoch, worauf Sie sie gleichzeitig wieder senken. Damit gleichen Sie Ihr Sexualchakra aus und können die Wirkung noch erhöhen, wenn Sie sich dabei die Farbe Orange vorstellen und sagen: **Ich habe.**

Bei der dritten Übung knien Sie am Boden und beugen den Rumpf nach hinten ohne ihn zu biegen. Damit gleichen Sie Ihr Sonnengeflecht aus und können die Wirkung noch erhöhen, wenn Sie sich dabei ein warmes Sonnengelb vorstellen und sagen: **Ich fühle.**

Bei der vierten Übung sitzen Sie am Boden und in rechtwinkeliger L-Form und strecken dann den Rumpf hoch zu einer U-Form. Damit gleichen Sie Ihr Herzchakra aus und können die Wirkung noch erhöhen, wenn Sie sich dabei ein sanftes Grün vorstellen und sagen: **Ich liebe.**

Bei der fünften Übung berühren nur die Hände und Füße den Boden und der Körper schwingt nach unten und beugt sich nach oben, wobei sich der Kopf in Gegenrichtung bewegt. Sie gleichen damit Ihr Halschakra aus und können die Wirkung noch erhöhen, wenn Sie sich dabei ein helles Blau vorstellen und sagen: **Ich kann.**

Die restlichen zwei Hauptchakras **„Ich sehe"** zwischen den Augen und **„Ich weiß"** oben am Scheitel führen uns in spirituelle Ebenen. Sie werden mitstimuliert.

Stufen

Wie jede Blüte welkt und jede Jugend
dem Alter weicht, blüht jede Lebensstufe,
blüht jede Weisheit auch und jede Tugend
zu ihrer Zeit und darf nicht ewig dauern.
Es muß das Herz bei jedem Lebensrufe
bereit zum Abschied sein und Neubeginne,
um sich in Tapferkeit und ohne Trauern
in andre, neue Bindungen zu geben.
Und jedem Anfang wohnt ein Zauber inne,
der uns beschützt und der uns hilft zu leben.

Wir sollen heiter Raum und Raum durchschreiten,
an keinem wie an einer Heimat hängen,
der Weltgeist will nicht fesseln uns und engen,
er will uns Stufe um Stufe heben, weiten.

Kaum sind wir heimisch einem Lebenskreise
und traulich eingewohnt, so droht Erschlaffen,
nur wer bereit zu Aufbruch ist und Reise,
mag lähmender Gewöhnung sich entraffen.

(Hermann Hesse)

Nachwort

Viele Menschen fragen mich bei welchem Meister ich Feng-Shui gelernt habe. Interessierten Lesern will ich deshalb meine Geschichte erzählen.

Alles fing mit einer Krise an

Ich war zu diesem Zeitpunkt knapp an die Vierzig und selbständige Unternehmerin mit einem Einrichtungsstudio. Mein besonderes Anliegen war harmonische Raumgestaltung mit Farbe, Form und Stil, verbunden mit perfekter Technik. Diese Zeit war erfüllt von viel Erfolg, Arbeit, Idealismus und Freude. Gleichzeitig wurde mir immer mehr bewußt, daß dabei irgend etwas wesentliches fehlte. Manchmal hatten wir Räume in wahre Farbkompositionen umgewandelt und doch war damit nicht immer die „richtige" Atmosphäre herzubringen. Es waren eher Zufallstreffer. An was lag es? Die Räume schienen nicht immer gleich zu sein. Raum ist nicht gleich Raum. Ich fing an, übernommenes Wissen in Frage zu stellen. Mir schien, Räume, aber auch ganze Häuser, hätten einen gewissen Eigencharakter, und es war als lehnten sie bestimmte Farben ab, ein anderes Mal wieder nicht. Manchmal fiel mir auf, daß ich, wenn ich einen Raum zuerst auf mich wirken ließ und intuitiv Farbvorschläge machte, es am besten klappte. Aber ich traute meiner Ahnung nicht so recht und oft verwirrte sie mich so sehr, daß ich es vorzog, sie lieber nicht zu verwirklichen. Trotzdem wuchs in mir eine gewisse Unzufriedenheit.

Gleichzeitig näherte ich mich im privaten Bereich der berühmten Midlife-crises, die bei vielen meist dann ins Leben tritt, wenn die Kinder anfangen das Haus zu verlassen. Als geschiedene, alleinerziehende Mutter von zwei Töchtern kann das schon eine sehr einschneidende Veränderung sein. Mir wurde mit einem Male klar, daß die Kinder zwei Jahrzehntelang mein Denken und Fühlen bestimmt hatten und gänzlich der Antrieb für mein Tun waren. Je mehr mir dieses bewußt wurde, desto mehr wurde ich unsicher und unbekannte Ängste stiegen hoch. Was sollte ich nun tun ohne sie?

Meine Unsicherheit veränderte allmählich unser Leben. Sie übertrug sich auf den Freundes- und Bekanntenkreis und erst recht auf den beruflichen Bereich. Ich kannte mich selbst nicht mehr. Gedanken, wie: „Wer war ich überhaupt? Und was soll ich auf dieser Welt?" kamen mir in den Sinn. Mein Enthusiasmus bei der Arbeit, meine Freude am Leben, meine unantastbare Zuversicht fingen an zu bröckeln. Ich begann auf negative, pessimistische Stimmen meiner Umgebung zu hören, was ich vorher nie getan hatte. Hatten wir nicht eben erst mit viel Freude „unser Haus" verwirklicht? Und waren wir nicht glücklich darin?

Genau das Gegenteil begann sich bald abzuzeichnen. Ernsthafte geschäftliche und private Probleme tauchten auf. Waren diese zuvor höchstens eine Herausforderung, so konnte ich nun machen was ich wollte, es gelang fast nichts mehr. Mein Energieniveau sank auf Null und bald lag ich schlapp in der Klinik. Es war als hätte jemand meine Turbinen, die immer auf Höchstleistung liefen, abgeschaltet. Die Welt begann vor meinen Augen zu flimmern, meine Sehkraft schwand und die Ohren entzündeten sich so, daß ich Mühe hatte noch etwas zu hören. Ich bekam überraschende Schwindelanfälle und akute Kreislaufprobleme und letztlich gezwungenermaßen mehr Zeit zum Nachdenken. Gleichzeitig schlitterte mein Unternehmen unweigerlich in den Konkurs, den ich nur mehr mit letzter Kraft und der Hilfe von Freunden auffangen konnte. Ich ahnte eine gewaltige Lebensveränderung auf mich zukommen und spürte geheimnisvolle Kräfte wirken, gegen die ich machtlos war, und deren Sinn ich nicht zu fassen bekam.

Als ich eines Abends wiedereinmal sinnend im Wohnzimmer saß und verständnislos mein Leben betrachtete, löste sich plötzlich aus der einige Meter entfernt stehenden Bücherwand ein Buch von der obersten rechten Ecke und landete direkt vor meinen Füßen mitten im Wohnzimmer am Boden. Der Knall in der Stille fuhr mir durch Mark und Bein und meine Nackenhaare sträubten sich augenblicklich. Schließlich hob ich das Buch auf.

Es trug den Titel: „– IDEEN –" Der Geist des Menschen bewegt die Welt" von Peter H. Waldeck.

Ich hatte es vor Jahren gelesen und wußte nicht recht, was ich jetzt damit anfangen sollte. Waldeck beschreibt darin, wie die Ideen der Menschen aller Zeiten und Kulturen in ihren philosophischen und künstlerischen Strömungen, religiösen Vorstellungen, politischen Systemen, naturwissenschaftlichen Erkenntnissen und technischen Errungenschaften zum Ausdruck kommen und damit den Lauf der Weltgeschichte bestimmten und bestimmen.

Da mir meine gegenwärtigen Probleme im Moment dringender und so wenig lösbar erschienen, hatte ich keinen Sinn für diesen Wink und legte das Buch ärgerlich zur Seite. Doch dieses Thema sollte ein neuer Anfang sein, wie sich später herausstellte.

Kurz darauf befand ich mich nämlich auf einem baubiologisch-ökologisch orientierten Vortrag über Architektur und Einrichtung, wo ich bei einem zufälligen kurzen Gespräch mit einem der Teilnehmer von Feng-Shui hörte. Er erwähnte das so nebenbei als fernöstliche Mystik, die in unserer westlichen Welt leider wenig Verständnis fände. Das Gespräch war unwesentlich, trotzdem klang mir das „Feng-Shui" noch lange in den Ohren und ich erinnerte mich wieder, als ich es Monate später in einem Artikel über die Wirtschaftsbeziehungen zwischen Ost und West in einer Zeitung erwähnt fand. Ich suchte nach Literatur und fand einiges in englischer Sprache. Obwohl ich die Sprache nur mangelhaft beherrschte, verstand ich um was es ging.

Das Feng-Shui kam irgendwie genau zum richtigen Zeitpunkt in mein Leben. Eine Zeit der Veränderung und des Wandels. Werte verloren sich, neue entstanden. Feng-Shui wurde mir immer mehr zum Thema. Was anfangs als berufliche Ergänzung gedacht war, wurde im Laufe der Jahre zum neuen Lebensinhalt.

Ich probierte und studierte immer und immer wieder Lösungen und ihre Wirkung. Viele Fragen drängten in mein Leben und ich verschlang eine Unmenge an Büchern, um eine Antwort zu finden.

Gleichzeitig verkaufte ich unser „fröhliches Heim" mit großen Verlusten und löste die Firma auf. Ich verschenkte den Rest meiner Habe, packte Schreibzeug und die wichtigsten Bücher zusammen und verzog mich auf eine ferne Insel. Feng-Shui als Reisebegleiter. Dem folgte eine Zeit der Innenschau und eine Art Lebensschule. Da ich immer so rational und „vernünftig" orientiert war, bedurfte es eines so kräftigen Fußtritts des Schicksals, um diesen Lernprozeß anzunehmen. Die ewigen Fragen: Woher, Warum, Wohin begleiteten mich fortan. Sie ließen mich langsam wachsen und dem Geheimnis des Lebens ein Stück näher kommen.

Wo immer ich hinkam, beobachtete ich genau die Umgebung, die Häuser und Wohnungen und die vielen fremden Menschen, denen ich nun begegnete und deren Grundrisse. Die Erkenntnisse die ich daraus gewonnen habe, veränderten mein Leben nachhaltig und sind der Inhalt dieses Buches.

Mit der Zeit ergab sich eine Sichtweise des Feng-Shui, welche weit über das was ich in Schriften und Büchern finden konnte hinausging. Es ging nicht nur um die richtige Plazierung von Gebäuden in einer kraftvollen, harmonischen Umgebung, der Form und Ausrichtung von Häusern, der Einteilung der Räumlichkeiten, der Farben und Dekorationen am richtigen Platz, usw. Ich begann den Grundrissen selbst mehr Beachtung zu schenken und der Art und Weise, wie sich die Leute einrichteten.

Auf diese Art beobachtete ich ständig die Menschen und ihre Wohnungen und vermochte schließlich allein schon anhand des Grundrisses die jeweilige Lebenssituation der Bewohner zu erkennen. Ich fand heraus, daß nur ganz bestimmte Menschen eine Disposition zu gewissen Häusern und Grundrissen hatten. Vor allem begann ich Antworten auf meine eigenen Lebensfragen zu finden, wenn ich meine vergangenen Wohnsituationen und die jetzigen mit meinen jeweiligen Lebenssituationen verglich.

Leute kamen zu mir und zeigten mir ihre Grundrisse und ich machte Ihnen bewußt, wie ihr Leben aussah. Ich kannte die Leute nicht näher, wußte nicht was sie machten oder wie sie lebten. Aber ich wußte sofort, was sie im Leben quälte, wo ihre Probleme bzw. Themen lagen. Ich sagte ihnen, wie sie die Probleme ändern und ihre Themen erlösen könnten, wenn sie bestimmte bauliche Gegebenheiten in ihrem Umfeld verändern würden. Man drängte mich Vorträge zu halten und mein Wissen in Seminaren weiterzugeben.

Damals wohnte ich in einer Wohnung, die genau darauf zugeschnitten war, doch waren auch Mängel und Blockaden vorhanden. Ich nahm sie als solche an und korrigierte sie. Es fehlte ein großer Teil des Lernbereichs im Grundriß und das zeigte mir, daß es mir diesbezüglich an bestimmten Bewußtseinsinhalten mangelte. Zum einen wußte ich damals noch nicht, daß ich „etwas" weiß, zum anderen haperte es an der Fähigkeit mein Wissen weiterzugeben. Mein Wissen schien mir zu dürftig. Auch war ich damals noch der Meinung, man könne nicht etwas lehren, wenn man nicht von einer Institution autorisiert dazu war. Nachdem ich aber fleißig den fehlenden Lern- und Wissensbereich visualisierte, füllte sich dieses Defizit sehr schnell. Durch die Hilfe einer Freundin, die die Fähigkeit hat in höhere Dimensionen zu schauen, erfuhr ich, daß ich in früheren Leben schon sehr maßgeblich mit Feng-Shui in Indien und China zu tun gehabt hatte. Ich überwand meine Skepsis und hielt meine ersten Vorträge und Seminare auf Lanzarote, wo ich damals wohnte. Das Lernen, Wissen und Lehren wurde in der nächsten Wohnung zu meinem Thema.

Jahrelang hatte ich immer von Häusern und Wohnungen geträumt und einmal sah ich dann, daß sie alle aus Glas waren, wie die Menschen auch. Ich konnte durch sie hindurchsehen.

Alles war aus demselben Stoff – dem Nichts, das durch Energie Form und Festigkeit bekommt: Der Geist des Menschen bewegt die Welt.

Anhang

Begriffserklärungen

Ba-gua
Oktagramm, achteckiges Symbol des I Ging mit seinen acht Trigrammen und ihren spezifischen Eigenschaften.

Bewußtsein
Denkender – fühlender Seinszustand

Chaos
Auflösung aller Ordnung, Gesetzlosigkeit.

Ch´i
Universale Lebensenergie. Ist in der Atmosphäre, der Erde und im Menschen vorhanden.

Feng-Shui
Wörtlich übersetzt Wind-Wasser, steht als Synonym für die harmonisch fließende Interaktion der Gegensätzlichkeiten. Unterschiedliche Aussprache und Schreibweise je nach Herkunft: „fong schoi", „fung schwa", „feng su", „fung su", „feng schew" oder englisch „feng shui".

Geomantie
Wörtlich übersetzt Erdwahrsagung. Wissenschaft, die sich mit dem Erkennen von besonderen Energiequalitäten, Energieströmen, Energiefeldern und Energiekonzentrationen des Kosmos und der Erde beschäftigt.

I Ging
Ursprünglich chinesisches Orakel, hat sich später zum großen Buch der Wandlungen entwickelt. Ein mystisches Diagramm der frühen Kosmologie, welches den Menschen mit dem Universum verbindet. Es zeigt unsere Entwicklung als einen im Fließen befindlichen Bewußtwerdungsprozeß, der in acht Trigrammen dargestellt wird und darüber hinaus die wechselnden Übergangszustände beschreibt.

Intuition
Erinnerung an ein bereits vorhandenes Wissen.

Kosmos
Einheitlichkeit, Ordnung, Gesetzmäßigkeit.

Lemniskate	Liegende Acht, Symbol ewiger Transformation, Wandlung – Zentrierung, auf den Punkt kommen – Gegensätze vereinen.
Leylines	Kraftlinien (Verbindungsströme) der Erde.
Magie	Geheime Kraft.
Materie	Die Substanz eines Körpers – im Gegensatz zur Form. Sie ist Inhalt der Form und mehr oder weniger verdichtete Energie.
Meditation	Konzentration auf die eigene Mitte.
Mystik	Geheimwissen.
Okkultismus	Übersinnlichkeit.
Radiästhesie	Lehrt das Aufspüren von geopathogenen Zonen mit Wünschelrute oder modernen Meßgeräten und das Messen deren Intensität und Qualität.
Ritual	Festgelegte Regelung für die Zeremonie (Abfolge) einer Handlung.
Spiritualität	Das Wahrnehmen und Erkennen der geistigen Ebene als höchste Wirklichkeit.
Symbol	Bildhafte Darstellung einer bestimmten Aussage. Man unterscheidet zwischen den Ursymbolen der Schöpfungsgeschichte und den von Menschen erdachten Symbolen mit subjektivem Inhalt.
Tao	Faden, Energie, die alles miteinander verbindet östliche Philosophie und Weisheitslehre, wird auch als Zustand bezeichnet.
Weisheit	Gelebtes, erfahrenes Wissen.
Yin	Weiblicher Aspekt der Schöpfung.
Yang	Männlicher Aspekt der Schöpfung.

Kontaktadressen:

Feng-Shui Beratungen

Ilse Renetzeder
Schmiedweg 12
D-83734 Hausham
Telefon/Fax 0 80 26 - 9 20 60 79
Mobil 0170 - 488 12 68
e-Mail: Ilse.Renetzeder@t-online.de
www.feng-shui-meisterschule.de

Feng-Shui Ausbildungen

Europäische Feng-Shui Meisterschulen
c/o Franz Sonnenstatter
Schmiedweg 12
D-83734 Hausham
Tel./Fax 0 80 26 - 9 20 60 79
e-Mail: info@feng-shui-meisterschulen.net
www.feng-shui-meisterschulen.net

Feng-Shui Artikel-Versand

Spirit Feng-Shui - Beratung & Shop
Yvonne Brugger
Unterfeld 10c
A-6973 Höchst
Telefon/Fax 0043 - (0) 55 78 - 7 76 71
e-Mail: info@spirit-feng-shui.at
Internet: www.spirit-feng-shui.at